言語力を育てる
ブッククラブ

ディスカッションを通した新たな指導法

T・E・ラファエル/L・S・パルド/K・ハイフィールド[著]

有元秀文[訳]

ミネルヴァ書房

Book Club: A Literature-Based Curriculum(second ed.)
Taffy E. Raphael, Laura S. Pardo, & Kathy Highfield
Copyright©2012 by Small Planet Communications, Inc.
All rights reserved.
This translation published under license.
Japanese translation copyright©2012 by Minerva Shobo Ltd.

Japanese translation rights arranged with Small Planet Communications, Inc.
through Japan UNI Agency, Inc., Tokyo

序　文

　本書は，子どもたちが文学を愛することを学びながら，クリティカルシンキング*と読解能力を育てることを支援しようとする教師のためのものである。ブッククラブは10年以上にわたって全米の教師と子どもが実施し，成功している。第2版は小学校3年生と6年生の学級で行ったが，すべての学年の教師たちが使えるような情報と単元を提供した。

　有能な子どもは，テクスト*に書いてあることだけでなくテクストを適切に創造的に解釈する。1998年の全米学力調査の読解力調査では，約半分の問いは文字通りの情報であるが，残りの半分は，個人的な「熟考した意見」とクリティカルシンキングに焦点を合わせている。同じように，イリノイ州学力テストの問題の3分の2は，表面的な読解を超えることを求めているが，自由記述問題では，分析し評価し，読んだことと現実世界を関係づけることを求めている。

　ブッククラブはアメリカ統一カリキュラム（国の言語技術の基準*。第6章第2節参照）に示された課題を教師や子どもたちが達成するのを支援するために開発された。子どもたちは，本を読むと，最初は書き，次は小グループで討論し，最後はクラス全体で討論する。そのために，子どもたちは効果的に参加するスキル*，読むスキル，書くスキル，ディスカッションのスキル，自分たちの理解を点検・評価するスキルを学ぶ。読解に関する指導内容は，連邦教育省の協力を得て，全米英語教師会議によって開発されたアメリカ統一カリキュラムに沿っている。多くのブッククラブの単元の学習内容は，社会科や理科に関連していて，また両教科のアメリカ統一カリキュラムに沿っている。

　1990年代の初期から中期にかけてブッククラブを開発したミシガン州立大学の同僚たち，「協同学習する教師たち」の仲間にも感謝する。彼らはブッククラブと教師の指導による読解プログラムをどのように融合するかを解説した。

タフィー・E・ラファエル
ローラ・S・パルド
キャシー・ハイフィールド

日本語版への序文

　ブッククラブとは，近年アメリカで教師たちが取り入れている指導法である。この指導法は，教師がリテラシーの指導を組み立てる支援となるように構想されている。リテラシーの指導では，子どもたちが自分で読んだり教師が読み聞かせたりした文章について，意義深い話し合いをすることを推奨している。その過程では，子どもたちの批判的で高度な思考を育てることを大切にし，書くことや話し合いを通して，子どもたちは文学の「主要な思想」や主題を探求することができる。彼らは，自分の意見を主張して，文章の中の証拠を使って自分たちの主張の裏付けとすることを学ぶことができるのだ。子どもたちは，文学作品の中の様々な考え方について学び，それらの考え方の価値を評価するようにうながされる。教師が，読むこと，書くこと，話し合うことを統合することができる点が，ブッククラブ単元の特徴である。子どもたちは，話題と主題が関連し合った文学的な文章と情報的な文章を合わせて読み，それから，これらのセットになった文章を使って，作品の主要な思想について探求し，新たな内容を学び，様々な文章の情報について批判的に考える。子どもたちは，作品について自分たちが書いた文章を使って学習と分析を行う。また，書いた文章を子どもたちが中心になるブッククラブの話し合いのときにも使う。

　本書を読むことによって，単元のプランをどうやって創造するか，その単元の主題を追求するのに役立つ本をどのようにして選ぶか，書くことを単元の中にどうやって組み込むか，授業時間をどのようにやりくりするかを学ぶだろう。本書に書かれた指導法が読者の役に立ち，あなたのクラスの子どもたちがブッククラブコミュニティーの仲間になることを楽しんでくれることを望んでいる。

　　　　　　　　　　　　　　　　　　　　　　　　　2012年5月

　　　　　　　　　　　著者を代表して　タフィー・E・ラファエル

訳者まえがき

　本書は，タフィー・E・ラファエル（Taffy, E. R.）たちが編集執筆した "Book Club——A literature-based Curriculum" を翻訳したものである。

◉ブッククラブとは
　一般的な定義によるブッククラブは，成人の娯楽として少数の知人が非公式に集まり同じ本を読んで意見交換をする読書会が起源であり，ヨーロッパでは数百年の伝統がある。1980年代に小学校で学校教育への導入が始まった。テクストも課題も教師が押しつける教科書学習に対する反省として，ブッククラブでは子どもたちに好きな本を選ばせ，少人数のグループでディスカッションする。リタレチャサークル，ブックディスカッションなど多様な名前とやり方があるが，共通して通常の教科書を使った国語の授業より学力を向上させることが検証されている。

　タフィー・E・ラファエルのブッククラブは，読み・書き・ディスカッションにドラマなどの発展学習も含め，社会科や理科のカリキュラムまでをも包含したものである。

◉この本を翻訳した理由
　この本を翻訳した理由は，日本の国語教育を国際的な水準に引き上げるために現在もっとも有効なのが，タフィー・E・ラファエルたちによってアメリカで理論的に体系化されたブッククラブであると考えたからである。

　2000年から日本が参加したPISA型読解力調査の結果，日本で行われている国語教育が国際的な基準からかけ離れていることがわかった。順位が低下したことが問題なのではなく，日本の国語教育の質が国際性を持たないことが問題なのである。

◉なぜ国語教育は国際性を持たなければならないか
　PISAが求めている読解力は，実は十分に国際的とは言えない。なぜなら

PISA調査を主に開発しているのは欧米諸国であり，アメリカが強い影響力を持っているからである。アジアやアフリカや中東の価値観を包含したものではない。

しかしPISAが求めている読解力は，少なくとも多様な欧米諸国の中での共通理解が可能な読解力なのである。そしてPISAが求める読解力が現在の国際社会で支配的な役割を果たしていることは疑う余地がない。

PISAが求めている国際的な読解力が欧米に偏重していることは間違いない。今後はアジアの価値観も取り入れさせるような働きかけを私たちがしなければならない。

だから，国語教育が国際的な基準とかけ離れているというのは欧米諸国に比べて国語教育が劣っているという意味ではない。違うというだけである。しかし，はっきりしていることは国語を学んでも国際社会では通用しない。例えば国語で学んだ作文の書き方ではアメリカの大学で作文を書いてもよい成績はとれない。

だから私たちは国語教育のよいところは大切にしながら国際性も身につける必要がある。

国語教育が国際的な基準からかけ離れている大きな問題点は次の点である。そしてブッククラブを学べば，これらの国語教育の欠陥を改善することができる。以下の指摘は国語の教科書や授業や学力テストなどを観察して得たものである。「十分に行われていない」とか「ほとんど行われていない」という表現をしたのは，国際的な基準に近いものも国内にあるということである。しかし日本の一部で行われている国際的な基準に近い国語教育は私たちの共通理解にはなっていないし，体系性や系統性がなく部分的なものである。

【国語教育の欠陥——どこが国際的でないか】

○読むことについて

- テクストを正確に理解し解釈することが十分に行われていない。
- 物語の登場人物の行動や物語の表現について「なぜ」という問いがほとんど行われていない。
- テクストに書いてあることに基づいて意見を発表させることがほとん

ど行われていない。
- 登場人物の行動や文学作品の表現について評価・批判するクリティカルリーディング* が行われていない。
- 文学作品を自分の問題として考え，自分の意見を表現するパーソナルリーディング* が行われていない。
- 文学作品について創造的な読み方をするクリエイティブリーディング* がほとんど行われていない。
- 文学理解に必要な基本的技能をほとんど教えていない。

○話し合いについて
- オープンエンド* の問いについての課題解決型のディスカッションがほとんど行われていない。
- ディスカッションで子ども同士の相互批判が行われていない。

○クリティカルシンキングについて
- テクストや人の意見について評価・批判させるクリティカルシンキングが行われていない。

○教材について
- 自己主張や独創的な意見を表現したテクストがほとんど扱われていない。

○指導時間について
- 短いテクストを，国際的な基準からすれば非常に長い時間をかけて授業が行われるために，子どもたちは作品を全体として理解することができない。また読書量も少なくなる。

○読書について
- 基本的に教科書ばかりを教えるため，読書の時間がほとんどなく読書量が決定的に少ない。

○他の教科との関連について
- どの教科にも役立つ言語技術をほとんど教えないので，国語で長時間をかけて学んだことがほかの教科の学習や日常生活に活用できない。
- 社会科や理科などの教科内容を指導内容に取り込む合科的学習が国語としてはほとんど行われていない。

本書には，これらの欠陥を補う指導内容が，次のように詳しく説明されている。

【この本の特徴】
- 本書には，ブッククラブの理論が，カリキュラムの構造から具体的な指導ストラテジーにいたるまで体系的に解説されている。
- 本書には，ブッククラブの指導方法が7週から9週にわたって一つのテーマを追求するテーマ単元の中で具体的に詳しく解説されている。
- 指導内容の中に，従来伝統的に行われてきた文学教育の指導事項や言語技術を楽しく効果的に教える方法が具体的に詳しく書かれている。
- ブッククラブは革新的な指導法であるが，学校教育と相反するものではなく，アメリカの国や州や学区のカリキュラムの指導内容を包容する調和的な指導法である。したがって日本の学習指導要領とも矛盾しない。
- 実際の授業で使える具体的な問いや，そのまま授業に使える Think Sheet，学習の成果を自己評価したり教師が評価するときにそのまま使える Evaluation Sheet がふんだんに載せられている。

日本の国語教育は，戦後アメリカの影響を強く受け，批判読みと言ってクリティカルリーディングの真似事も行われたが，アメリカのカリキュラムの全貌や背景をよく理解せず，アメリカでどういう授業が行われているかも理解しないまま導入されたため，一方的で，非難し合うことを批判と考えるような誤解も生じた。

クリティカルリーディングとは，本を読むときにクリティカルシンキングを行うことである。

私が理解しているクリティカルシンキングとは次のような思考過程である。

【クリティカルシンキングの定義（訳者）】
　事実を正確に理解した上で，どこがよいか，どこに問題があるかを客観的に分析して，だれもが納得のできるような明確な根拠をあげて評価

訳者まえがき

したり批判したりすること。
　そのとき，相手に不快感を与えないように感情をまじえず冷静に意見を表現する。自分の意見が批判されたら相手の言うことをよく理解した上で，納得がいけば相手の意見を取り入れ，納得がいかなければ冷静に根拠をあげて反論する。そして相互に批判し合ってグループの中でだれもが納得のいくような合意を形成する。
　つまり，授業の中でのクリティカルシンキングは，課題解決を目指す相互批判のディスカッションを伴う。

　このようなクリティカルシンキングを，読んだことについて行うのがクリティカルリーディングである。このような冷静な相互批判は容易なことではないが，大切なことはテクストに書いてあることに基づいて意見を表現することで，それは訓練によって達成できることである。
　このような相互批判を行うためには，教師がテクストについてのオープンエンド*のよい課題をつくることが必要であるが，これは日本人が今まで国語教育でつくってきた問いとはまったく違うものが多く，日本人がオープンエンドの問いをつくるのは非常に困難なことである。
　本書には数多くのオープンエンドの質の高い問いが掲載されているので，まずこれらの良質な問いを模倣するところから学んでほしい。
　本書で特筆すべきことは，子どもたちが自分の人生について真剣に考えられるようにテーマ単元が構成されていることである。これは今までの国語教育ではほとんど行われなかったことであり，私たちが謙虚に学ぶ必要のあることである。
　しかし，本書に紹介されているテーマ単元を日本に導入する際には乗り越えなければならない二つの壁がある。①時間的制約と，②教科書の制約である。
　①時間的制約について言えば，私が観察した限りではアメリカの学校には日本のように厳格な時間割がない。端折るのも増やすのもくっつけるのも教師の裁量である。しかも国語の配当時間は日本よりはるかに長い。原書に例示されているところを見ると毎日60分から120分程度ある。
　この時間的制約の中でブッククラブを取り入れるには次のようなやり方があ

る。ブッククラブの基本となる部分に限って言えば，アメリカでは次のように一日の中で行われている。次は一例である。

- 初めの話し合い（10分）
- 読書課題の黙読（20分）
- リーディングログ（15分）
- ブッククラブの話し合い（15分）
- 終わりの話し合い（10分）

合計すると70分だが，アメリカではこれを一続きの時間として扱っているのが普通である。アメリカで国語の時間が長いのは国語と数学を基礎教科と考えて配当の割合を多くしているからである。

これを日本に導入しようとすると二つの大きな問題がある。

一つ目はこのような時間の取り方ができないことである。二つ目は日本人はアメリカ人のようにすぐに活発に話し始めないことである。同じようにすぐに書き始められない子どもも多い。

この二点を解消するためには，次のようなプログラムにするとよい。小学校の場合の例である。上のプログラムを二校時に分ける。

一時間目
- 初めの話し合い（10分）
- 読書課題の黙読（20分）
- 話し合い（5分：どういうことを書いたらよいか教師がリードして話し合う）
- リーディングログ（15分）

二時間目
- 話し合い（10分：どういうことを話したらよいか教師がリードして話し合う）
- ブッククラブの話し合い（20分）
- 終わりの話し合い（15分）

つまり，二時間に分けるだけでなく，書く前と話し合う前にウォーミングアップのための話し合いの時間を入れるとうまくいく。もちろん時間配分を変えただけでは話し合いも書くことも成立しない。教師のたゆみない努力による子どものトレーニングが必要である。

②次に教科書使用の問題である。アメリカの場合は教科書を使用しなけれ

ばならないという縛りの強い地区とまったく教科書を使わなくてもよいという地区がある。しかし日本の場合は教科書は必ず使用しなければならない。これは教科書ばかりを使用しなければならないという意味ではない。

　新しい教科書は，教科書教材の末尾に関連する図書の紹介がしてある。これは教科書を使った授業を基礎にして関連する図書も多読させて国語力を強化させようという意図である。しかし関連図書の指導法はまだ未開拓である。

　日本でブッククラブを導入する場合には，この関連図書を使ってテーマ単元を組むとよい。もちろん，教科書に紹介してある以外の関連図書を子どもの実態に応じて選んだ方が，よりよい。その具体的なやり方については，第7章の「日本の読者へのガイド」に書いた。

◉翻訳の方針と本書の使い方

【省略・要約について】

　本書は，ブッククラブの原理を少しでも早く日本に届ける目的のもと，また，紙幅の都合上，以下の方針に沿って翻訳を省略したり要約したりした。

- アメリカの学校制度と日本の学校制度は著しく異なるので，アメリカの学校制度に深く関わる部分で日本の読者が読んでも理解の難しい部分に関しては訳出しなかった。
- アメリカの学校教育だけに関わる特殊事情に関する記述は，日本の読者には必要がないと判断し，訳出しなかった。
- 現在アメリカで行われている指導法の中で，現状の日本では行われていないが，工夫すれば日本でも応用が可能な指導法については訳した。しかし，現状では日本では導入することができない部分については訳出しなかった。
- 第11章のブッククラブ指導法の実践事例についての章は，紙幅の都合上訳出しなかった。

　本書を読んでブッククラブに興味を持たれた方は，原著を読んでみることをお勧めする。

【追加・訳注について】

- 直訳しただけでわかりにくい場合，理解に必要な最小限の語句を追加した。
- そのままでは日本人にわかりにくいところは「（訳注：）」として最小限の注

をつけた。
- Think Sheet, Evaluation Sheet は巻末に掲載した。
- 各章の章末に，各章を学ぶにあたっての「日本の読者へのガイド」をつけた。

【訳語について】
- 日本語に置き換えても大きな意味の違いのない語はできる限り日本語に訳した。
- 日本語に訳してあるが，通常日本で使われている意味と違う意味で用いられている場合は，巻末の用語集にその意味を解説した。
- どうしても日本語に置き換えることのできない語については英語をカタカナで書き表し，用語集にその意味を解説した。
- 何度も出てくる語は用語集に解説し，一回しか出ない語は「訳注」として解説した。
- 用語集に解説した語には「＊」のマークを記した。しかし，その語が何度も続けて現れる場合は，すべての語にはマークを記さなかった。前に出たところと間隔が開いている場合はマークを記した。
- どの語が用語集に載っているかあらかじめ知るために，用語集を通して読んでおくことをお勧めする。
- 書名については日本語版が刊行されている場合には日本語版の書名を，日本語版のないものに関しては本文中では原著を直訳して示し，巻末では参考文献としてそれらの出典の原著タイトルを欧文で掲載した。

該当する書名は以下の10点である（（　）内は作者名）。

『戦場』：(Avi.)　*The Fighting Ground.*
『ライチョウと将軍』：(Griffin, J. B. & Tomes, M.)　*Phoebe and the General.*
『自由のこどもたち』：(Levine, E.)　*Freedom's Children.*
『若い愛国者』：(Murphy, J. A.)　*Young Patriot.*
『失われた湖』：(Say, A.)　*The Lost Lake.*
『木々の歌』：(Taylor, M. D.)　*Song of the Trees.*
『ミシシッピ橋』：(Taylor, M. D.)　*Mississippi Bridge.*
『友情』：(Taylor, M. D.)　*The Friendship.*
『金のキャデラック』：(Taylor, M. D.)　*The Gold Cadillac.*

訳者まえがき

『子どもたちのための市民権運動』：(Turck, M. C.)　*The Civil Rights Movement for Kids: A History with 21 Activities.*

【表記法について】
- 一般の用語は，「レスポンスチョイスシート*」のように語の区切りに「・」を入れなかった。
- 人名はゲイリー・ポールセンのように，姓と名の間に「・」を入れた。

　この翻訳を通じて，日本の教師たちが言語技術の指導を徹底するとともにテーマについてのビッグクエスチョン*などのオープンエンドの問いをつくり，人生について真剣に考えて自分の人生を正しく充実したものにしていく子どもたちを育てる指導法を身につけていくことを切望している。

　この本はすべて訳者が翻訳した。正確に訳そうとすればわかりにくくなり，わかりやすく訳そうとすれば正確さを欠くというジレンマの中で長い間にわたって苦しみながら訳したが，すべての訳の責任は訳者にある。

　いや正直なところこれほど楽しい経験もなかった。なぜならこの本には訳者が知りたくてわからないことの答えが解き明かされていたからである。この本を活用して日本の授業を変えるのは日本の教師である。その教師たちは訳者以上の喜びを味わうことだろう。中国や西欧から伝わった多くの文化が日本でより高度に発展した。同じようにブッククラブも日本でより高度に発展することを信じて疑わない。

2012年8月

有元秀文

目　次

序　文　i

日本語版への序文　ii

訳者まえがき　iii

第Ⅰ部　理論編

第1章　ブッククラブとは何か……………………………………2

- 1　どうして教師と子どもにブッククラブが必要なのか…………………2
- 2　ブッククラブの主要原則は何か……………………………………3
- 3　ブッククラブカリキュラムの指導内容は何か………………………4
- 4　ブッククラブプログラムの構成要素は何か…………………………5
- 5　クラスの話し合い………………………………………………6
- 6　「読むこと」と「書くこと」……………………………………7
- 7　ブッククラブを実践するということ……………………………8

第2章　読解力とブッククラブ……………………………………11

- 1　リテラシーの基礎………………………………………………11
- 2　読解力を指導する三つの原則……………………………………11
- 3　読解力のストラテジー…………………………………………14

第3章　ブッククラブにおける「書くこと」の意味……………21

- 1　「読むこと」と「書くこと」の関連性……………………………21

目　次

　　② よく考えて意見を言う道具としての「書くこと」………………… 21
　　③ 情報を集めて整理する道具としての「書くこと」………………… 27
　　④ 文学的形式を練習する道具としての「書くこと」………………… 27
　　⑤ 意見を交換する道具としての「書くこと」………………………… 28

第4章　よりよいブッククラブのための評価……………………… 32
　　① 指導と評価の連携………………………………………………………… 32
　　② 学区のカリキュラムをブッククラブに組み込む …………………… 33
　　③ 評価の道具を創造する ………………………………………………… 35
　　④ ブッククラブパフォーマンスの評価 ………………………………… 38

第5章　ブッククラブを用いた学級経営……………………………… 42
　　① 選　書……………………………………………………………………… 42
　　② グループのつくり方 …………………………………………………… 43
　　③ 「金魚鉢」を使ったモデル …………………………………………… 45
　　④ リードアラウド ………………………………………………………… 46
　　⑤ インクルージョンの考え方 …………………………………………… 47
　　⑥ 教師への助言──よくたずねられる問い …………………………… 50

第6章　テーマに基づく単元………………………………………………… 58
　　① ブッククラブ単元の構成 ……………………………………………… 58
　　② 国の言語技術の基準 …………………………………………………… 60
　　③ 国の社会科の基準 ……………………………………………………… 61

xiii

第Ⅱ部　実践編

第7章　『ひとりぼっちの不時着』を題材にした単元 …… 66
- ① 文学的なスキルの指導 …… 66
- ② 単元の学習活動 …… 67
- ブッククラブレッスンプラン …… 73

第8章　『時をさまようタック』を題材にした単元 …… 98
- ① 文学的なスキルの指導 …… 98
- ② 単元の学習活動 …… 101
- ブッククラブレッスンプラン …… 104

第9章　『戦場』を題材にした単元 …… 132
- ① 文学的なスキルの指導 …… 132
- ② 単元の学習活動 …… 136
- ブッククラブレッスンプラン …… 140

第10章　作者研究——ミルドレッド・テイラー …… 161
- ① 文学的なスキルの指導 …… 161
- ② リードアラウドする文学 …… 164
- ③ 単元の学習活動 …… 166
- ブッククラブレッスンプラン …… 170

資　料
　　Think Sheet　202
　　Evaluation Sheet　213

　用語集　230
参考文献　238
訳者あとがき　240

第Ⅰ部　理論編

第1章

ブッククラブとは何か

1 どうして教師と子どもにブッククラブが必要なのか

　私たちはチャレンジの必要な時代に生きている。子どもたちは，多様で混乱しがちな世界で，自分がどんな生き方をしたらよいか理解するために，自立してクリティカルに考えなければならない。
　リーディングと英語言語技術＊の教師は読むこと，書くこと，言語，文学を毎日60分から120分の間で教えなければならない。そのゴールは，クリティカルシンキング＊と，解釈とテクスト理解を強調した文学教育で，教師の考え方と行動を導く思考の枠組みを創造することである。
　このプログラムは次の三つの基準に適合させた。
（1）処方箋を書くことより導くこと
（2）どんな地域でもあてはまる共通の問題を扱うこと
（3）文学の指導と学習に関する最新の理論と研究を反映すること
　だからブッククラブのプログラムは，読む能力が学年以上でも学年以下でも，すべての子どもたちが，年齢にふさわしい教材を使って参加できるようにデザインされている。ブッククラブは，読むことに困難がある子どもたちを支えながら高度な思考力も育てる。同時に，非常にすぐれた読み手もクラスの仲間から孤立させないでさらに高度な力を育てる。
　ブッククラブは現在多くの教師たちが導入している読みのプログラムとも共存する。図1-1のように，学年レベル別のテクストと読みのレベル別のテクストは違った役割を果たすが，どちらも読みの力を育てるのに大事な役割を果たす。

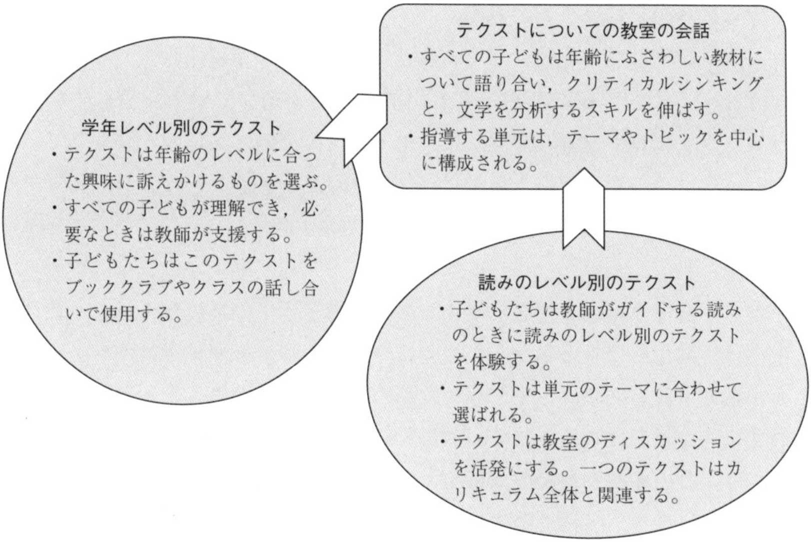

学年レベル別のテクスト
・テクストは年齢のレベルに合った興味に訴えかけるものを選ぶ。
・すべての子どもが理解でき、必要なときは教師が支援する。
・子どもたちはこのテクストをブッククラブやクラスの話し合いで使用する。

テクストについての教室の会話
・すべての子どもは年齢にふさわしい教材について語り合い、クリティカルシンキングと、文学を分析するスキルを伸ばす。
・指導する単元は、テーマやトピックを中心に構成される。

読みのレベル別のテクスト
・子どもたちは教師がガイドする読みのときに読みのレベル別のテクストを体験する。
・テクストは単元のテーマに合わせて選ばれる。
・テクストは教室のディスカッションを活発にする。一つのテクストはカリキュラム全体と関連する。

図1-1　ブッククラブと様々な指導

② ブッククラブの主要原則は何か

●言語は思考の基礎

　ブッククラブは子どもたちが年齢にふさわしいテクストを読んで書いて話し合うことを支援するようにデザインされている。教師は、音読したり、パートナーと音読し合ったり、家であらかじめ読んだりさせる。もし言語を使うことが思考の基礎であるならば、これらの活動は子どもの知的発達に大きな役割を果たすはずである。

　本についての本当に満足した会話を思い出してほしい。それは友人とのブッククラブかもしれない。あなたが薦めた本を友人や親戚が読み終えたときかもしれない。そのときの会話は、本を読んで刺激されたことについてのディスカッションだけでなく、あなた自身の人生と本との関係を含めたものだったかもしれない。あなたは、本を読んで感動したことやあなたの人生が豊かになったことや、想像が広がったことについて話し合ったに違いない。ブッククラブはこのようなことをあなたの教室で達成させることができる。

第Ⅰ部　理論編

◉文学は読みのプログラムの基礎

　ブッククラブは文学*を核にしている。リテラシー*を指導する多くの人々は，文学が子どもたちの読む意欲を引き出すことを強調している。そして私たちブッククラブプログラムを開発したグループは，その考えに強く賛成している。しかし文学は読む意欲を引き出すだけではなく，リテラシーの教科の基礎である。文学は，人間，文化，社会を探究する原動力である。

◉子どもが多様な社会で生き，働くための準備としての学校リテラシー教育

　文学は，私たち自身と私たちの社会についてクリティカルシンキングをすることを推進する。文学は，子どもや教師の視点が，ほかの人々とは違う学校特有の文化的な状況に制約されていることをわからせてくれる。

　さらに，この多様な社会で効果的に生きるには，子どもは論理的に考え，クリティカルに考え，多様な情報を扱わなければならない。この情報とは，人間性を反映する詩やフィクションから，世界のできごとを反映する新聞，雑誌まである。インターネットの玉石混淆の情報も評価しなければならない。

③　ブッククラブカリキュラムの指導内容は何か

　ブッククラブでは，子どもたちが，読み書きをするときに，リテラシーとスキル*とストラテジー*を自分たちのものと感じられるような指導の支援を行う。

　キャサリン・H・オー（Kathryn, H. A.）は，オウナーシップ*とは，「子どもたちがリテラシーを自分のものとして尊重すること」だと定義した（Kathryn, 1997）。

　どうしたら子どもたちがリテラシーを自分のものにしていることがわかるだろうか。それは次のようなことである。

　子どもたちが教室の外で本を読むようになる。文学と自分自身の人生とを関係づけられるようになる。自分たち自身の目的を達成するための読み書き能力に自信を持つ。読み書きは，学校だけでなく人生での価値のあるスキルであることを理解する。読んだ本について友だちに話す。好んで読む。

　このように読書を自分のものにするためにはどんなことを知る必要があるだ

第1章　ブッククラブとは何か

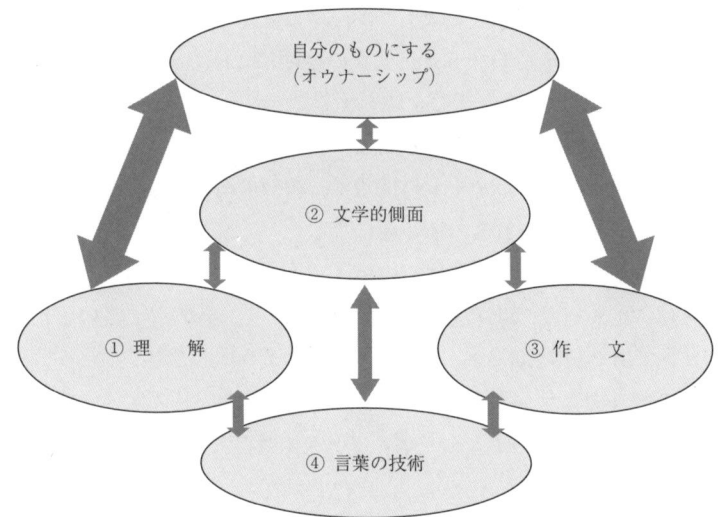

図1-2　ブッククラブカリキュラムの指導内容

ろうか。

　ブッククラブで教師たちは，図1-2のように，四分類される言語技術の内容領域のスキルとストラテジーを教える。四領域は，①理解，②文学的側面，③作文*，④言葉の技術*である。第4章で四領域を詳しく説明する。

4　ブッククラブプログラムの構成要素は何か

典型的なブッククラブの授業は次の順序で行われる。
① 教師のリードアラウド*
② クラス全体に教師が短いレッスンを行う（訳注：ミニレッスンと言う）。
③ 子どもが読む（小説の読書課題を，一人で黙読，またはペアまたは補助教員と一緒に音読する）。
④ リーディングログ*に，読んだことについて，教師が与えた問いについての答えなどを書く。
⑤ 教師が教室を回って，個人的な指導を与えたり子どもの質問に答えたり子どもたちの音読を聞いたりする。

⑥　教師の指示で子どもたちは小グループに分かれる。
⑦　子どもたちの年齢やブッククラブの経験によって，4〜5人の子どもたちが，5〜15分間活発な話し合いをする。
⑧　子どもたちが話し合っている間に，教師は巡回して，話を聞いたりメモをとったりする。このノートの情報は，教師の指導や評価やクラス全体のディスカッションのときの情報源になる。
⑨　最後に，教師はクラス全体でのディスカッションを行う。そこで子どもたちは，グループで出た意見を出し合ったり，小グループのディスカッションで出た疑問点についてはっきりさせようとしたりする。

すべてのブッククラブにおける四つの構成要素は，①クラス全体の話し合い，②読み，③書き，④子ども主導のブッククラブであること，である。

5　クラスの話し合い

クラス全体の場面での指導と話し合い（クラスの話し合い）*は，一般的にはブッククラブの授業の初めと終わりに行われる。

授業の「初めの話し合い」*は次の特徴がある。

- テクストを，読み，書き，話し合うためのスキルとストラテジー*について指導する。
- 教師が，単元のテーマを支える考えを導入する。例えば，教師が詩・エッセイ・絵本を音読（リードアラウド）*して単元のテーマについての話し合いを始める。
- 休んだ子どもや忘れた子どものために，教師が今までに読んだ本の要約をする。

初めの話し合いでは，教師が話題と子どもの発言の順序を調整する。話題は，理解・文学的側面・作文・言葉の技術から選ばれる。

初めの話し合いは教師が指示し指導するので，四つの構成要素のそれぞれが行われる直前に行われる。例えば，読みの課題文のために読みのストラテジーや予備知識を教えることが焦点なら，初めの話し合いは子どもが課題文を読む直前に行う。教師が，リーディングログ*に書く新しい書き方を教えるときは，

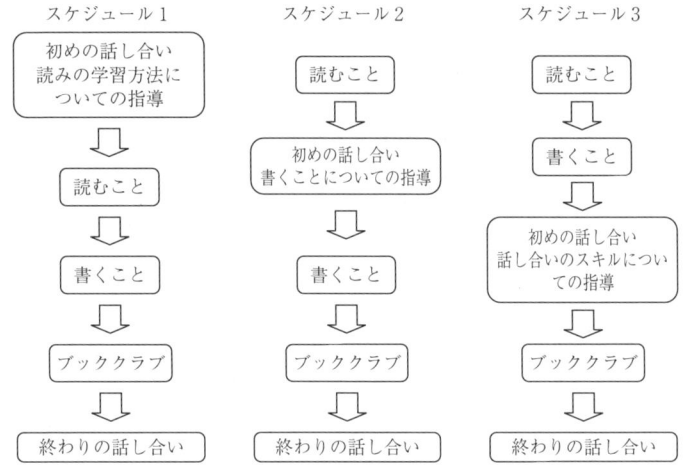

図1-3　クラスの話し合いをいつやるか

初めの話し合いは子どもがリーディングログに書く直前に行う（図1-3）。

6　「読むこと」と「書くこと」

　ブッククラブは，質の高い文学という基礎の上に築き上げられるものだから，子どもたちには，学校で読んだ本と子どもたちの人生を形成する体験と思想とを結びつけられるようにすべきである。

　小学校3年生からは，子どもたちは関連したテーマのテクストを読んだり聞いたりして，三つの重要な授業場面に参加する。

① 教師のリードアラウド*
② 子ども主導のブッククラブ
③ 本や教室文庫の短編の個人読み

　①の「教師のリードアラウド」は，ブッククラブをスタートする手段として行われる場合と，例えば，帰りの会などの無理のない時間に行われる場合とがある。

　教師のリードアラウドには次のようなテクストを選ぶ。

・テクストの内容は単元のテーマに合っているが，子どもたちが一人で読む

には難しすぎる。
- その本がハードカバーしかなく，全員が買うには高すぎる。
- 子どもが自分で持っている本で単元のテーマに合ったものを持ってくる。

二つ目の場面②「子ども主導のブッククラブ」は，ブッククラブディスカッションのために子どもたちがあらかじめ読んでいる本が中心になる。

子どもたちは，本の課題になった部分を一人で読む。または，パートナーや小グループで読む。教師や上級生のバディー（パートナー）と読むこともある（小学校4年生と6年生がバディーになると，6年生はよどみなく読む練習になり，4年生は一人では読めない本が読める利点がある）。

③の「個人読み」は，教室・学校・近隣の図書館，家の蔵書から本を持ってくる。ブッククラブで子どもたちが読んでいる本のテーマに関連した，絵本，単行本，新聞や雑誌の記事，エッセイ，社説，詩，歌，スピーチなどが含まれる。多くの学校は，学校全体の黙読プログラムをやっている。

ブッククラブの書くことの領域では，読むことと書くことの関連を強調する。ブッククラブでの書くことの四つの主な機能は次の通りである。

① 読んだことについて意見を述べるための道具としての書くこと（例えばジャーナル*に意見を書くこと）
② 情報を集めて整理するための道具としての書くこと（例えばノートを取ること，図解，探究的な問い）
③ 文学的な形式を練習するための道具としての書くこと（例えばいろいろなジャンル，作家の技法）
④ ほかの人たちと意見を話し合うための道具としての書くこと（例えばレポート，エッセイ*，Eメール）

7 ブッククラブを実践するということ

ブッククラブは小グループの話し合いで展開する。これがすべてのプログラムの中核になる。子どもたちには本当の会話をさせたい。

グループの人数は6人は多すぎる。話す機会のない子どもが出てくるからである。3人はよい会話ができることもあるが，一人休むと二人になってしま

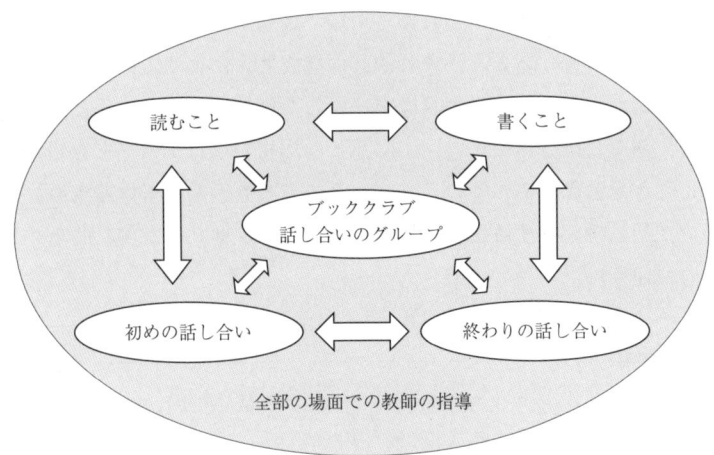

図1-4 ブッククラブの構成要素

う。4人から5人が一番よいのではないだろうか。

　文学について語り合うには，特別なスキル*とストラテジー*が必要である。それは指導される必要がある。

　クラスの話し合いで教師がリードすることが，子どもたちが模倣する話し合いの具体的なモデル*になる。年間を通して，教師は会話のスキルに関する言葉の技術を教える（例えば会話を活性化するいくつかの質問のしかたなど）。

　あるグループの会話を文字化して会話記録をつくり，子どもたちに見せてどこを直したらよい会話になるか話し合わせるとよい。また，会話の記録をロールプレイ*することで，よい会話の方法を学ばせることができる。会話から取り残される，偉そうに親分面する，見当違いの質問をするなどを体感できる。そのあとで，どんなことを学んだか話し合い，この知識をブッククラブだけでなくほかの社会的なコミュニケーションにも応用する。

　ブッククラブの話し合いをビデオに収録して子どもたちに見せてどこを直したらよいか話し合わせるのも，どうすれば「よい会話」ができるか考えさせる効果的な方法である。

　ブッククラブのすべての構成要素（訳注：読むこと，書くこと，初めの話し合い*，終わりの話し合い*）は子どもたちの小グループの話し合いを支える。

　読むこと，書くこと，聞くこと，話すことのスキルについての明確な指導は，

9

第Ⅰ部　理論編

子どもたちがカリキュラムのあらゆる領域で成功することを助ける（図1-4）。

　毎日の授業を計画するとき，それぞれの構成要素に要する最適な時間を決める。それはあなたがどんな学習目標を達成したいかで決まってくる。

　例えば，ある日は，本やテーマに関連した作文*のプロジェクトを始めるために，書くことを強調する。別の日は，クラスで読もうとしている本の背景と状況について話し合いをするために，ほとんどのブッククラブの時間をクラスの話し合いに使う。

日本の読者へのガイド

　第1章ではブッククラブの指導内容と指導法の概要が書かれている。

　書かれていることは第7章以降の授業実践例で繰り返されているから最後まで読んでから第1章を読み直すとよくわかる。

　特筆すべきことは，ブッククラブは日本で行われている読書教育とはまったく違って，国語の総合的な学力を育てようとしていることである。また，日本では軽視されがちな文学的側面が重視されていて，その中でパーソナルリーディング*，クリエイティブリーディング*，クリティカルリーディング*という日本人にとっては未知の発信型表現力を育てようとしている。その具体的な発問や活動は第7章以降に詳しく解説されている。

第2章

読解力とブッククラブ

① リテラシーの基礎

　読解力は読むことに決定的な役割を果たす。それは難しい言葉の意味がわかるということだけではない。また、読解力は、物語のあらすじを再話するとか説明文の重要な細部を要約することを含め、テクストについてのあらゆる高度な思考の基礎である。さらに、読解力は、文学にレスポンスする重要な要素である解釈と批評、説明文の批判的分析の基礎である。
　ブッククラブでは、読解力のストラテジーを表2-1のように、三つの大きなグループで教える。
　初めの話し合いが理解のストラテジーを教える主な場面である。
　リーディングログには、ブッククラブで友だちに質問したい問いを書いておく。終わりの話し合いでは、ブッククラブの話し合いでよくわからなかったり解決がつかなかったことを質問する。

② 読解力を指導する三つの原則

　子どもが理解できるかどうかは、読解力を助ける様々なストラテジーを子どもが理解して使えるかどうかに大きくかかわっている。
　ブッククラブでの読解力の指導は次の三原則に基づいている。
① 　読解力の指導は明確でなければならない。
② 　子どもが使う読解力のストラテジーは、より知識のある教師や子どもたちによってモデルを示されなければならない。
③ 　子どもたちが、ストラテジーを一人でうまく使えるようになるまで、教

第Ⅰ部　理論編

表2-1　読解力のストラテジー

```
(1) 予備知識*を使う
・今まで持っていた知識を使う
・必要な新しい知識を身につける
・ほかの本と関連づける
・言葉の意味を知る
・予測する
(2) テクストを処理する
・要約する
・重要なできごとを時間にそって列挙する
・視覚化する
・推論する
・総合する
・重要なこととあまり重要でないことを区別する
・文学的な要素を分析する
・テクスト構造の知識を使う
(3) 読解力を評価する
・予測を評価して修正する
・質問する
・明確にする
```

師が手助けをして理解のストラテジーを教えなければならない。

◉読解力の指導は明確でなければならない

　子どもたちは,「テクストを読むことは『意味を理解する過程』であり,よい読み手は理解するためのストラテジーや道具を使うこと」を知らなければならない。

　ブッククラブでは,子どもたちに「どんなストラテジーがあって,どうすればそのストラテジーを使えるか」を教える。

◉子どもが使う読解力のストラテジーは,より知識のある教師や子どもたちによってモデルを示されなければならない

　子どもにストラテジーを説明しただけではだめで,よい読み手がストラテジーを使うところを見たり聞いたりしなければならない。

教師は読みながら特定のストラテジーを使うとき，声に出して考える（訳注：シンクアラウド*する）とよい。

　子どもがストラテジーのモデルを示すこともできる。例えば，子どもが二人でペアを組んで交替に読むパートナーリーディングのとき，音読している子どもが時々ストップして，質問したり予測したり個人的な体験との関連を話すことによってストラテジーのモデルを示す。

　ブッククラブの話し合いの中でお互いにモデルを見せ合うこともできる。例えば，グループでテキストを理解するとき，子どもたちが，意味をはっきりさせ，予測し，主張の根拠をテキストからあげ，推論するなどのモデルを見せる。

　例えば，「このことが起こったのは，本に書いてあるXとYがあったからだ。作者ははっきり言ってないけど，私は推論した」のように明確なモデルもあるが明確でないモデルもある。

　読解力のストラテジーについて，子どもがモデルを見せる一番普遍的な方法はリーディングログ*を使うことである。子どもはほかの子どものログを見て，そのストラテジーを自分のログで試す。ある子どもが新しいユニークなことをするとグループのほかの子どもが真似をする。

　ブッククラブでは，ログを考える道具として使うときに革新的なことをするよう子どもたちを激励する。子どもの革新的なログは全クラスに影響する。

◉子どもたちが，ストラテジーを一人でうまく使えるようになるまで，教師が手助けをして理解のストラテジーを教えなければならない

　子どもたちが理解のストラテジーに習熟するにつれて，少し助言されるだけで自分一人でできるようになる。この時点で教師は一歩退いて簡単な指示を与える役にまわる。子どもたちがストラテジーを自分のものにして正しい使い方ができるようになったとき，積極的に理解することができるようになる。この後でも，とくにテキストが難しいとき，教師は定期的にストラテジーを思い出させる。

　図2-1は，指導の過程で教師が果たす様々な役割の変化を示している。最初は，教師のコントロールがもっとも強く明確な指導をするが，次はモデルを示して模倣させる，次は様々に助言して支援する，次は簡単な指示を与える，

第Ⅰ部　理論編

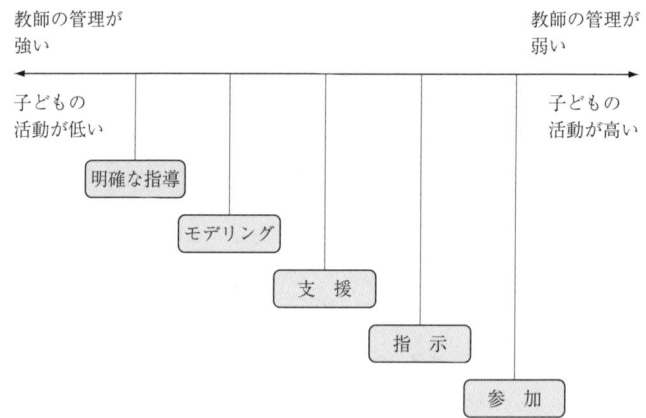

図2-1　理解を指導する教師の役割

最後には教師は子どもを管理せずに子どもと一緒に参加する。

③ 読解力のストラテジー

　読解力についての指導は，①で述べたように予備知識*を使うストラテジー*，テクスト*を処理するストラテジー，読解力を評価するストラテジーの三領域で行う。

◉予備知識を使うストラテジー

　予備知識とは読み手が読む前に持っている知識である。予備知識を使うには次のストラテジーがある。

- 今まで持っていた知識を使う

　　子どもたちがあらかじめ持っている予備知識を活かすストラテジーである。例えば南北戦争に関する本だったら，子どもたちに知っていることを思い出させる。

- 必要な新しい知識を身につける

　　子どもたちが十分な予備知識を持っていないとき，教師は必要な予備知識を身につけるように手伝う。多くの教師は，大きな単元では，数日か一週間かけて予備知識を築く。例えば，南北戦争に関する単元では，2～3週間か

けて南北戦争について子どもたちに調べさせ，調べたことを教室で発表させる。必要な予備知識を築いた後の方が理解が深まり楽しめる。
- ほかの本と関連づける

  例えば戦争について知るために，本や映画で見た知識を予備知識として活用する。
- 言葉の意味を知る

  本を読む前にキーワードを学ぶと容易に読める。多くの難しい言葉は読んでいるときに学ぶが，キーワードはその本を読む前に学ぶとよい。
- 予測する

  よい読者は絶えず予測しながら読み，読み進めて新しい情報が加わるにつれて，その予測を評価し修正する。子どもたちはタイトルやイラストからも予測する。予測には，読む前に予備知識が必要である。物語の結末を予測するには，物語の構造についての知識が必要である。例えば，物語には問題が起こり，結末で解決するという構造があることを知っていると，どんなできごとが結末を導くか予測できる。

◉テクストを処理するストラテジー

これは小学校で最もよく教えられているストラテジーである。
- 要約する，重要なできごとを時間にそって列挙する，視覚化する

  要約する，重要なできごとを時間にそって列挙する，視覚化することは，よい読者がよく使う。要約とは，立ち止まって，前の章や節で何が起こったか考えるストラテジーである。シークエンシング*とは，要約を小さく分割して時間的な順序に並べたものである。作者が描いたことを心のイメージや絵にすることが視覚化である。

  ブッククラブでは子どもたちがこれらをリーディングログ*に書く。教師はこれらを書いたり声に出して説明したりしてモデルを見せる。
- 推論する

  推論するとはテクストの中の手がかりを使って，①物語の中で何が起こっているかをはっきりさせ，②物語の構成要素について深く理解することである。

第Ⅰ部　理論編

　　物語の結末があいまいだったら，作家は読者に本当は何が起きたのかを推論させる。物語全体を通して，読者はできごと，人間関係，セッティング*の細部についてしばしば推論しなければならない。子どもたちは推論ができないと，物語が理解できないで誤読することが多い。
　　教師の明確な指導，推論のしかたについての繰り返されるモデリング*と助言によって子どもたちは混乱から抜け出す。子どもたちはテクストの中の手がかりから答えを見つけられるようになる。

- 総合する

　　総合する*とは，様々な考えを総合して意味を明らかにすることである。このストラテジーは通常複数のテクストや体験を通して意味をはっきりさせるときに使われる。ブッククラブの教師は一冊や複数の本のテーマを決めるときに総合する。総合は推論と同様に難しいストラテジーなので，教師のモデリングや助言によるサポートが必要である。
　　本から得た考えと子どもたちの体験を総合させ，様々な問いに答えさせる教師もいる。例えば，『時をさまようタック』を読んで，「あなたは泉の水が飲める？　どうして？」とたずねる。これに答えるには，物語に書いてある「泉の効果（永遠に生きる）と様々な人物へのその効果」を，「子どもたちの人生への期待や態度」と総合する必要がある。

- 重要なこととあまり重要でないことを区別する

　　読者は，読みながら段落の中でどの文や語句がもっとも重要か，文の中でどの語が重要かを考え続けなければならない。これができないと長い文章が理解できなくなる。
　　教師は，リードアラウド*のとき，ブッククラブのとき，クラスでの話し合いのときに，どこが重要かを教える。そうすると子どもたちもしだいに重要な情報が見つけられるようになる。

- 文学的な要素を分析する

　　文学的な要素とは登場人物，セッティング，プロット*などである。セッティングができごとにどう影響するか，子どもたちは考える必要がある。登場人物の変化とプロットの進展も理解には大切である。
　　子どもたちはリーディングログの中で，キャラクターマップ*，セッティン

グを図示したもの，プロットの表を描く。

　ブッククラブでは多様なジャンルを読む。サイエンスフィクション，ファンタジー，説明文，現代の小説など。歴史的な小説もよくブッククラブで使われる。

　歴史的な事実とフィクションを区別するために，大きなT型のチャート*で両者を区別する。ファンタジーでも，現実とファンタジーを区別するために図示する。

　様々な視点から見ることも文学的視点で重要である。様々な視点から見るために，子どもたちに登場人物になりきって行動したり感じたりさせる。

　集団的な視点から見ることも学ぶ。南北戦争の小説を読むときに南の視点に立ったり北の視点に立ったりする。

- テクスト構造の知識を使う

　テクスト構造には，列挙，時間的順序，説明，描写，原因・結果，比較・対照，問題・解決などがある。子どもたちがテクスト構造を理解すると文章の理解が容易になる。

　物語にはテクスト構造が明確なものがある。時間的順序で配列されたものや問題が解決するという構造になったものである。教師はテクスト構造の知識があると理解しやすくなることを教える必要がある。

◉読解力を評価するストラテジー

　よい読者はいつも自分がどう理解しているかを評価しながら読んでいる。子どもたちは，読んでいるときの自分の理解を評価する方法を学ばなければならない。

- 予測を評価して修正する

　すでに述べたように，予測は予備知識のストラテジーの一つである。子どもたちは自分の予測がその通りになるかどうかを評価することができる。教師は音読（リードアラウド）しながら時々立ち止まって初期の予測を評価し修正するモデルを見せる。

　子どももリーディングログで予測したことを評価し修正する。子どもたちは予測したことを評価して修正することを繰り返すことでよい読者になる。

第Ⅰ部　理論編

- 質問する

　問いを発するのも効果的な読みの評価のストラテジーである。教師は音読(リードアラウド)しながらこのストラテジーのモデルを見せる。例えば、「ということは、エマは新たな変装をするんだろうね。どんな変装をするんだろう？」のように。

　教師が問う明確な問いの例をたくさん聞いて、子どもも自分の問いのレパートリーが増える。

　「問いと答えの関係」を使って子どもに問いを使うと理解が深まることを考えさせる。問いの答えには2種類ある。「自分が持っている」、つまり読者があらかじめ持っている答えと、「本の中にある」、つまりテクストから見つけられる答えの2種類だ。この2種類をさらに分けることができる。「自分が持っている」答えは「全部自分の中に」、つまり全部を読者があらかじめ持っている答えと、「作家と私」、つまり子どもが知っていることをテクストに結びつける答えの2種類がある。

　「本の中にある」答えは、「ここに書いてある」、つまり文章にはっきり書いてある答えと、「考えて探す」、つまりはっきり書いていないが、結論を出したり、推論したり、テクストの数か所を見たりしてわかる答えの2種類に分けられる。表2-2に、これを詳しく示した。

　子どもたちは表2-2の「問いと答えの関係」を理解すると、これを使ってテクストを理解できるようになる。ブッククラブでは、子どもは、クラスの話し合い、ブッククラブグループのディスカッション、リーディングログでこれらの質問をする。理解のための問いだけではなく、テーマについてのビッグクエスチョン*についても考えることができるようになる。

- 明確にする

　よい読者は読んでいて意味がつかめないとき、意味を明確にしようとする。それには以下のようなやりかたがある。

　① 大事な言葉や文を読み飛ばしていないか読み直す。
　② そのまま読み続けて次の数行に書いてある「文脈の手がかり」を使うと誤解や混乱が解決する。
　③ ①②でわからないときはだれかに聞くこともできる。ペアかグルー

表2-2 ブッククラブで使う「問いと答えの関係」の学習法

読む前
「自分が持っている」
　本の題名や話題などから，私がすでに知っていることをどうやって物語やテクストに結びつけられるか。
「作家と私」
　話題，題名，イラスト，表紙からどんな物語か予測する。

読んでいるとき
「ここに書いてある」
　いままで読んだ物語でどんなことが起きたか。
「考えて探す」
　主な登場人物たちはどんな人だろう。これからどうなるだろう。
「作家と私」
　どんな時代と場所だろう。どんな問題があってどうやって解決されるだろう。重要なできごとは何だろう。中心になる考えは何で，その詳しい説明はどこに書いてあるだろう。

読んだあと
「作家と私」
　この話の続きはどうなるだろう。
「考えて探す」
　作者のメッセージは何だろう。テーマは何だろう。そのテーマは物語を超えた世界とどうかかわっているだろう。情報をどう要約したらよいだろう。読んでわかった情報をほかの情報源から手に入れた情報とどう総合したらよいだろう。この物語・テクストを読んで学んだ情報や新しい考えについてどう考えるか。

出所：Taffy, E. R. & Kathryn, H. A. *Super QAR for the Testwise Student.* The Wright Group, 2002.

プで読んでいるときはだれかに，どんな意味かを聞く。一人で読んでいるときは，リーディングログ*に問いを書き，次のブッククラブの話し合いで話し合って，テクストを手がかりにして解決する。

　教師が，この明確にするスキルを教えるには，はっきりと解決の仕方を教えるか，音読しながら考えていることを声に出して解決してみせてモデルを示す。

　子どもに疑問点を付せんに書いてはらせる教師もいる。子どもが読んでいてわからないことがあったら，①もう一回読み直す，②読み続けて手がかりを探す，③まだわからなかったら，わからないところに付せんをはっておく。後でブッククラブのグループで話し合うときやクラスでの話し合いのときに話し合ってよくわからないところを解決する，ということができる。

この教師は、「付せんに質問を書くことは弱さのしるしではなく、メタ認知（訳注：自己分析）ができる読者である証拠だ」と子どもたちに指導している。

どんなリーディングプログラムでも、中心目標は、子どもがテキストの意味を理解するのを手伝うことである。ブッククラブはこのための有効な方法である。

クラスの話し合いで、この章で紹介した理解のストラテジーを明確に指導することにより、子どもたちは重要なストラテジーを身につけるだろう。

本を音読するときや終わりの話し合いのときに、この「読解力のストラテジー*」の使い方について声に出してモデル*を見せることで、教師は継続的にストラテジーを刷り込んでいくことができる。

子どもたちは、読んでいるとき、リーディングログに書いているとき、ブッククラブで話し合っているときに、読解力のストラテジーを使って、使い方を身につけることができる。

日本の読者へのガイド

第2章の具体的な指導法は第7章以降に繰り返し詳しく解説されている。

重要なことは授業が子どものレベルに応じて図2-1のように子どもの活動が高まっていくことである。まず明確に指導し、次にモデリングで教師がお手本を示す。次に様々な質問をしたり、助言したりしながら、子どもを主題や核心に導くよう支援する。その必要がなくなると、教師は簡単な指示を与えるだけで子どもの自発的な活動にまかせる。さらにその必要もなくなると、完全に子どもたちに任せて教師も子どもと対等の立場で参加して発言する。ブッククラブはこの最終段階を目標にするが、そのためにどんな段階を踏むかは次章以降で解説する。

第3章
ブッククラブにおける「書くこと」の意味

1 「読むこと」と「書くこと」の関連性

　書くこと（ライティング*）は，人が学ぶために欠くことのできない道具で，ブッククラブは子どもたちに書く力をつける多くの機会を与える。経験と調査から，子どもたちが話し合いをする前に，書くことでテキストにレスポンス*することが重要であることがわかった。書くことは首尾一貫した思考を構成するだけでなく，気楽な会話ではできない思考を深める。読者は時間をとってテキストについて書くと，ただ読むのとは違う読み方をする。大人のブッククラブのメンバーとして，話し合いの前に，よく考えながら書くということをしなかったとき，書くことの大切さがよくわかった。あらかじめ書くことをしないと，興味が減り，深みがなくなり，表面的な発言になりがちであった。
　ブッククラブは書くことについて四つの機能を重視する。
① 読んだことについてよく考えて意見を言うための道具
② 情報を集めて整理するための道具
③ 文学的形式を練習するための道具
④ 意見を交換するための道具
　第7章から第11章までのテーマ単元ではこの四つの機能をすべて使う。この章は，ブッククラブを行うときの，書くことの四つの機能について詳しく述べる。

2 よく考えて意見を言う道具としての「書くこと」

　ブッククラブでは，書くことは，普通のノートやジャーナル*のほかに，テク

第Ⅰ部　理論編

ストについて考察するときにリーディングログで行う。そのとき，よく考えてパーソナル，クリエイティブ，クリティカルに意見を言うことを強調する。

◉パーソナル，クリエイティブ，クリティカルレスポンス*

　パーソナルレスポンスは，子どもたちのテクストに対する心情的なレスポンスに焦点を合わせ，書くことによって本と自分たちの人生を結びつけるよう指導する。例えば，なぜ特定の登場人物が好きか嫌いかをジャーナルに書かせる。また，なぜ特定の人物や状況と，子どもが共通点を持っているかを説明する個人的エッセイを書かせる（訳注：パーソナルリーディングとも呼ばれる。自分の問題として考えることである）。

　クリエイティブレスポンスは，子ども自身の想像力を使ってテクストに書いてある考えを探求する。例えば，子どもがある登場人物の視点からある状況を描写する，次にどんなことが起こるか想像する，ある登場人物や本のテーマについて詩を書く，二人の登場人物の対話を想像して書く，といったことが考えられる（訳注：クリエイティブリーディング*とも呼ぶ）。

　クリティカルレスポンスは，作者の文学的なテクニックを批評したり，テクニックがどのように効果的か効果的でないかを批評したりする（訳注：クリティカルリーディング*とも呼ぶ）。

　図3-1に，ブッククラブで行われるパーソナル，クリエイティブ，クリティカルレスポンスについて詳しく描いた。

◉ブッククラブの小道具

　子どもたちによく考えて書かせるために多くの教師はThink Sheet*を使う。これはワークシートと違ってすべてオープンエンド*である。Think Sheetはブッククラブを始めたばかりの子どもたちに特に有効である。なぜならThink Sheetに書いたことをリーディングログに書いて，ブッククラブでの話し合いのときに役立てられるからだ。

　ワークシートには知識を記憶したことをたずねる問いがある。だからこういうワークシートばかりやってきた子どもたちは，ブッククラブを始めて，Think Sheetのパーソナル，クリエイティブ，クリティカルな問いにすぐに答

第3章 ブッククラブにおける「書くこと」の意味

パーソナルレスポンス

個人的な物語を語り合う
テクストと自分を結びつける
クラスでの体験
家庭での体験
個人的な体験

読んだ価値をはかる
どんな気持ちが起きたか
どのくらいおもしろかったか

クリエイティブレスポンス

テクストについて創造性を発揮する
自分がその状況にいたら
テクストのできごとを変える（もし～だったら）
テクストの続きを書く

クリティカルレスポンス

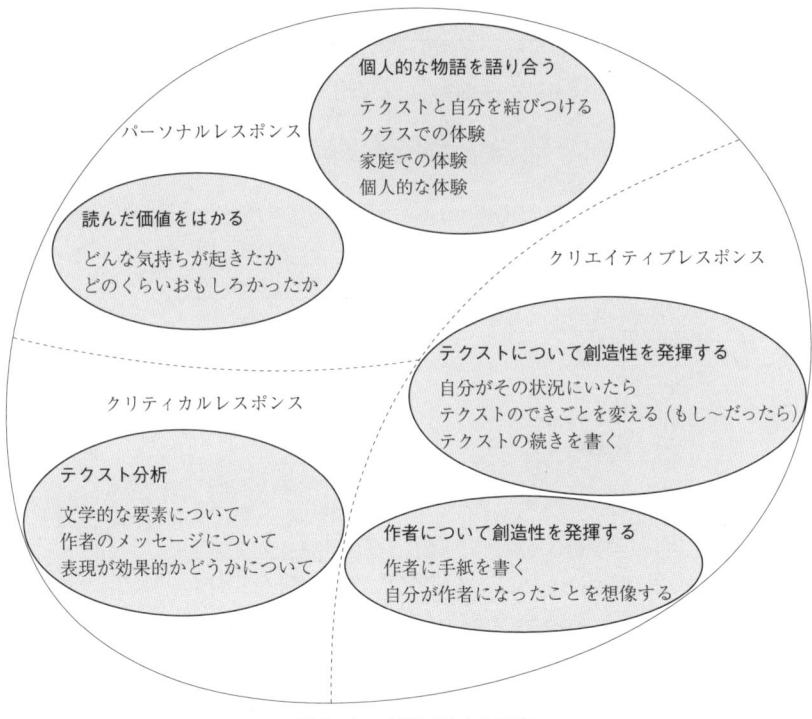

テクスト分析
文学的な要素について
作者のメッセージについて
表現が効果的かどうかについて

作者について創造性を発揮する
作者に手紙を書く
自分が作者になったことを想像する

図3-1 文学に対する反応

えられない。Think Sheet は，子どもたちが自分で考えたことや個人的な意見を表現することに役立つ。

　Think Sheet は，シークエンシング*，文学的な要素の分析，要約を書く，結果を予測する，問いをつくり出す，テーマを見出すなどの学習に子どもたちを導く。この Think Sheet で，子どもたちがこのような課題に対する答え方を身につけると，自分たちのリーディングログにこのような答え方で書くことができるようになる（表3-1）。

◉リーディングログ
　ブッククラブの重要な学習として，子どもたちは読んでいるときに起きた自分の考えや感情や質問をリーディングログ*に記録する。リーディングログは図や絵や意見を書けるように罫線のページと白いページで構成されている（訳

表3-1　Think Sheet に子どもが書いたサンプル

名前：ジェニファー　　日付：11月5日

まとめて考えよう

さだこ，ヒロシマのピカ，かわいそうなゾウで私が考えたことは，戦争，日本，人が死ぬ，人と動物，悲しさ，なぜ人は戦うか，原子爆弾，なぜアメリカは日本に原子爆弾を落としたか，なぜ日本とアメリカは戦ったか，なぜ日本とアメリカは戦ったあと仲よくなったか。

私が話し合いたいことは
なぜ人間は戦争するのか。

理由
なぜ人間が戦争するのか知りたい。戦争をしてはいけないと思う。話し合ってわかり合えば解決できることについて戦うのを大きくなって見たくない。

注：この Think Sheet の問いは，三つの本の関連性を考えさせる。

注：例えば左側が罫線のページで右側が空白のページになっている)。

　リーディングログには，ブッククラブで話し合いをするときのアイディアを書いたり，難しい言葉や，友だちや教師への質問や意見についても書いたりする。

　普通，リーディングログを書くのは，教室でその日の読書課題を一人ひとりが黙読したあと，10分から15分で書く。1ページぐらい書かせるのが目安である。

　学年の初めにリーディングログに書かせる様々なレスポンスの型のモデルを見せる。そして，初めの話し合いで少なくとも一つのモデルを示す。それから，読書課題を黙読させた後で，子どもたちにその型にしたがってリーディングログに書かせる。終わりの話し合いでは新しいレスポンスの型についてどんな話し合いをしたかを振り返る。

● ライティングの問い

　子どもがブッククラブに慣れないうちはレスポンス*のしかたがわからないの

で，教師がライティングの問いをつくるとよい。ライティングの問い*は，特定のストラテジーを使うように文学的な要素を分析し，テクストに個人的にレスポンスさせるように励ますものである。

ライティングの問いを使って，教師は子どもたちに様々なタイプのレスポンスが使えるように手助けをしていく。

すべてのテーマ単元では，毎日の読書課題について，ライティングの問いを用意する。ライティングの問いはオープンエンド*で子どもの自由な選択と創造性を許す多様性がある。

一つの問いだけを深く考えてもよいし，いくつかの問いについてシェアシート*に書いてもよい。

◉ライティングの問いへのレスポンス

以下は，『時をさまようタック』を読んでいるときに教師が与えた問いに答えて，子どもがリーディングログに書いたサンプルである。

> ウィニーは今どのように感じている？　本から根拠をあげてごらん。
> 　ウィニーは今本当にいい気分だ。本から三つ例をあげる。
> 　一つ，「かのじょは思いがけないプレゼントをもらったように感じている」と書いてある。二つ，「とうとう恐怖が消えてしまった。かれらは友だちだった。かのじょの友だちだった」と書いてある。三つ，ウィニーは「私たち，まだそこにいくの？　私たちまだそこにいくの？」と問い続けている。そこにいくのが不安なのがわかる。私の予測は，見知らぬ人は泉を見つけにいき，探し当てて水を飲むと思う。

◉シェアシートフォーマット

子どもたちがリーディングログに慣れていろいろなレスポンスの型に慣れたころ，シェアシート*を使う。シェアシートはページの中心から3本か4本の線を出して，ページを三つか四つの部分に分ける。シェアシートを使うと，様々なアングルからアプローチできるのでブッククラブの話し合いが活性化する。

図3-2はある子どもが書いたシェアシートの例である（訳注：原文は手書きである。子どもの字が読めなかったところは「……」とした）。

第Ⅰ部　理論編

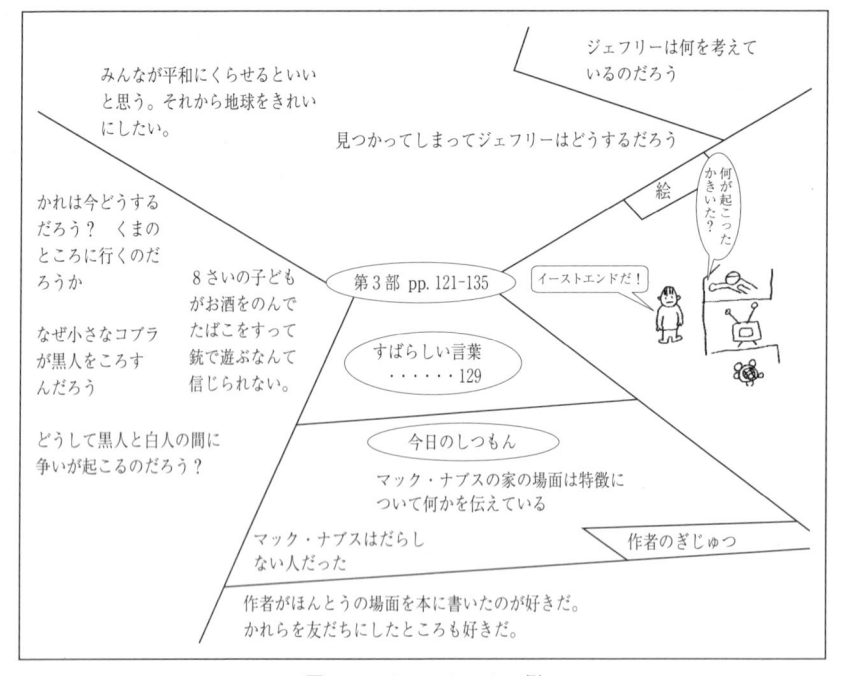

```
         みんなが平和にくらせるといい                    ジェフリーは何を考えて
         と思う。それから地球をきれい                      いるのだろう
         にしたい。
                              見つかってしまってジェフリーはどうするだろう
  かれは今どうする                                                        絵        何が起こった
  だろう？ くまの                                                                  かきいた？
  ところに行くのだ
  ろうか          8さいの子ども                          イーストエンドだ！
                  がお酒をのんで   第3部 pp.121-135
  なぜ小さなコブラ  たばこをすって
  が黒人をころす   銃で遊ぶなんて    すばらしい言葉
  んだろう        信じられない。      ‥‥‥129

  どうして黒人と白人の間に              今日のしつもん
  争いが起こるのだろう？
                              マック・ナブスの家の場面は特徴に
                              ついて何かを伝えている
                  マック・ナブスはだらし                      作者のぎじゅつ
                  ない人だった
         作者がほんとうの場面を本に書いたのが好きだ。
         かれらを友だちにしたところも好きだ。
```

図3-2　シェアシートの例

● ジャーナル

　多くの教師はジャーナル*を書かせて，考えたことや学んだことについて振り返らせたり，学校で起きたできごとを書かせたりしている。ジャーナルは個人的に使われることもあるが，私たちはブッククラブで使うと有効であることに気づいた。

　ジャーナルを書く時間は決まっていない。ある教師は，子どもたちが朝教室に入るやいなや，ジャーナルを書かせてその間教師は自分の雑用をしている。その日の終わりに今日学んだことを書かせる教師もいる。様々な時間帯で書かせる教師もいる。

　子どもたちは自分で書くことを選ぶが，ブッククラブで読んだ本について，話し合いの内容やブッククラブ単元のテーマや本と本の関係などブッククラブで学んだことを書くこともある。

第3章　ブッククラブにおける「書くこと」の意味

③　情報を集めて整理する道具としての「書くこと」

多くのブッククラブの単元では調査が行われて，特定のテーマや話題についての予備知識を築く。そのとき子どもたちはノートをとったり図に表したりする。

◉ノートをとる

わかりやすく詳しいノートをとることは，よい調査をするのに大事なことである。そのために教師が Think Sheet* で，どんなことを調べてどこに書くかを示すことも有効である。

◉図　解

ブッククラブでは様々な図解を使う。KWL チャート*（Think Sheet 10；巻末207ページ）は調査をするときに有効な図解の方法である。一つの表の中に，これから調べる話題について「知っていること」「知りたいこと」「わかったこと」を整理して書く。

◉探求の問い

知りたいことについて問いをつくり，どんな情報を集めたらよいか考えるには，Think Sheet 10 のような KWL チャートが有効である。

インタビューをする前に，グループで「何を調べたいか」を明らかにした上で，関連する質問を考える。

Think Sheet 16（巻末212ページ）はインタビューの前に，どんなことを聞くか考えるのに有効である。

④　文学的形式を練習する道具としての「書くこと」

ブッククラブでは多くのジャンルを紹介したり作家の技術を学ばせる。そして様々な作家の文体やテクニックを取り入れて作文を書かせる。

第Ⅰ部　理論編

● ジャンル

　ジャンルの理解をのばす方法として，様々なジャンルのスタイルで子どもたちに文章を書かせる。例えばサバイバルのジャンルの物語を読ませた後で，サバイバルの物語を書かせる。そしてサバイバルの物語にはどんな要素が必要かを考えさせる。

　また，「第8章　『時をさまようタック』を題材にした単元」を学んだ後，そのテーマである「永遠に続く人生」についての自分の意見をエッセイ*に書かせる。そのために，本のテーマと登場人物たちの考えを理解し，自分の考えをはっきりさせる必要がある。

　また，テクストの手がかりに基づいて登場人物の中に入り込んで，その人物の視点で日記を書くこともできる。

　ブッククラブのプロジェクトでは，詩，回想録，伝記など多くのジャンルについて書かせる機会がある。

● 作家の技術

　作家の技術*を学ぶことはブッククラブで重要な側面である。子どもたちに，作家が用いる対話，比喩，イメージ，象徴など様々なテクニックを学ばせ自分の作品で模倣させる。

　例えば「第10章　作家研究」ではミルドレッド・テイラー（Taylor, M. D.）の豊かな描写と巧妙な対話を模倣させる。また，「第9章　『戦場』を題材にした単元」では作家の視点の使い方を学ばせ，一つの場面を選んで作品とは異なった視点から書き直させる。対話を使った文章を書かせてみたり，自分たちのつくった物語の中で人物描写の方法を使ってみたり，シンボル*を使って短い文章を書かせてみたりする。

　これらの作品をポートフォリオに入れるとよい。

5　意見を交換する道具としての「書くこと」

　ブッククラブでは単元の終わりにテーマに関するエッセイ*を書いて，読むことと書くことの橋渡しをし，意見交換をする。

●レポート

　ブッククラブでは，全員が十分な予備知識を得るために，調べたことをレポートに書いて共有する。例えば，小説を読む前に関連する歴史的事実について調べて書かせる。そうしてブッククラブが始まる前に全員が十分な予備知識を持つようにさせる。

●エッセイ

　ブッククラブでは，エッセイはブッククラブに参加していない人に情報を与えたり説得したりするために書くことが多い。物語を読んで強い主張を持ったら物語の中からその意見の根拠をテクストの中からあげて書く。
　エッセイは，明確な主張が書かれているか，その主張の根拠がテクストから具体的にあげられているか，正しい文法で言葉の技術が守られているか，などで評価する。

●創造的なプロジェクトと文学的な解釈

　ブッククラブでは書くことを含む様々な創造的なプロジェクトを行う。例えば，『時をさまようタック』を読んだ後で，子どもたちが人生のサイクルのどこにいるかについて詩の課題を出す。
　ミシガンの小学校5年生は第一次大戦についての物語を読んで，これからやる授業のために，章ごとに言葉のリストとライティングの問いを考えて，表3-2のサンプルのような学習ガイドをつくった。
　文学作品を創造的に解釈する活動は，子どもたちが書くことを通して意見交換するもう一つの方法である。例えばリーダーズシアター[*]は，本の中のある場面の解釈を提供するものである。ほかにも，創造的な解釈として，登場人物の視点に立って語ったり日記を書いたりすることができる。

●Eメール

　Eメールを使えば，同じ本を読んで別のクラスや学校とブッククラブの話し合いをやることができる。文通友だちのようにEメールバディーになることもできる。読みながら意見交換したり質問を出し合ったりする。個人的にメッ

第Ⅰ部　理論編

表 3-2　悪魔の数学――学習ガイド

レッスン 1

読書課題：第 1 章
言葉
1. 赤面した＿＿＿＿＿＿＿＿＿＿＿＿＿＿＿＿＿＿＿＿＿＿＿＿＿＿＿＿＿＿
2. 入念に＿＿＿＿＿＿＿＿＿＿＿＿＿＿＿＿＿＿＿＿＿＿＿＿＿＿＿＿＿＿＿
3. 同情＿＿＿＿＿＿＿＿＿＿＿＿＿＿＿＿＿＿＿＿＿＿＿＿＿＿＿＿＿＿＿＿
4. 講義＿＿＿＿＿＿＿＿＿＿＿＿＿＿＿＿＿＿＿＿＿＿＿＿＿＿＿＿＿＿＿＿
5. つぶやいた＿＿＿＿＿＿＿＿＿＿＿＿＿＿＿＿＿＿＿＿＿＿＿＿＿＿＿＿
6. パンがふくらんでない＿＿＿＿＿＿＿＿＿＿＿＿＿＿＿＿＿＿＿＿＿＿
7. 特に＿＿＿＿＿＿＿＿＿＿＿＿＿＿＿＿＿＿＿＿＿＿＿＿＿＿＿＿＿＿＿
8. ぞっとするような＿＿＿＿＿＿＿＿＿＿＿＿＿＿＿＿＿＿＿＿＿＿＿＿

ライティングの問い
1. ハナが「思い出すのに疲れちゃった」と言ったのは，どんなことを言いたかったのだろうか。
2. ハナという名前はどうしてついたのだろうか。
3. ハナにとって大切なものは何だろうか。ハナのお父さんやお母さんにとって大切なものは何だろうか。

セージを書くこともあるし，グループの意見を一人が代表して書くこともできる。同じクラスの中でEメールのコミュニケーションをすることもできる。

　Eメールをブッククラブに取り入れるときは，クラスで話し合ってルールをつくる必要がある。また，ふざけたりいじめたりしていないか教師が監視する必要がある。

―― 日本の読者へのガイド ――

　ブッククラブのハイライトはブッククラブディスカッションである。しかし，ディスカッションの前には必ずライティング*が行われる。これはじっくり読んでじっくり考える過程がないと，深みのある話し合いができないからである。そのためにリーディングログ，Think Sheet*，シェアシート*という日本人には新しい小道具が紹介される。これらは日本人にとって形式も新しいが考え方もまったく新しいと考えてよい。その違いの第一はすべての問いが多様な答えを認めるオープンエンド*であること，第二は教師が常に問いを与えるのでなく，子どもが問いを選べるよう自発性を重んじること，第三はパーソナルレスポンス，クリエイ

第3章　ブッククラブにおける「書くこと」の意味

ティブレスポンス，クリティカルレスポンス*という日本人にまったく新しい自発的な表現を重視することである。その具体例もこれから繰り返し紹介される。

第4章
よりよいブッククラブのための評価

① 指導と評価の連携

　ブッククラブの評価は，目標とする四つのカリキュラム領域，つまり理解・文学的側面・作文・言葉の技術で行われる。これらは国，州，学区などのカリキュラムに基づいている。

◉読みを評価する

　読みでは，理解，解釈，批判的分析の高度なスキル*が必要である。教師はこれらのスキルを評価する証拠として，①リーディングログに書かれたこと，②ブッククラブでの貢献を記録し評価すること，③クラスの話し合いでの貢献を評価すること，を集める。

　子どもたちが，本を理解しているか確かめるために，本の一部を音読させて困難がないかどうか（例えば，文章が理解できているか，語彙が理解できているか，イントネーションなどがよどみなく読めているかなど）を評価する。また，子どもが二人で組んで相互に読み合うペアリーディングをさせて，テクストに困難がないかどうかを発見する。これらを指導の参考にする。

◉書くことを評価する

　子どもは毎日リーディングログに書く。また調査したことや単元のテーマについてエッセイ*を書くこともある。リーディングログでは，それでテクストについての考えを整理したりブッククラブの話し合いに備えたりする。教師は毎日ログを点検し，書くことの質やレスポンス*の多様性を評価する。綴りや文法や構造より中身が大事だ。

よいリーディングログの条件とは「テクストへの個人的な意見が書いてある」「事実を明確に整理している」「主張したいことが明確である」「話し合いのための興味深い問いがあがっている」「様々なタイプのレスポンスがあがっている」ことである。

ほとんどのブッククラブの単元では次のような書く活動が組み合わされて行われる。

- 短いライティングの問い：例えば，テーマや単元の課題についてのエッセイや個人的な意見文
- 継続的なプロジェクト：例えば，これから行われるブッククラブ単元の話題に関連した調査
- 継続的な書くこと：例えば，ブッククラブ単元での重要な課題としての話題やテーマや問題への意見

◉子どもたちのテクストについての話し合いを評価する

クラスでの話し合いでは，子どもたちがどれだけテクストを理解しているか，話し合いに参加するときにコミュニケーションスキルがうまく使えているかを評価する。また，小グループの話し合いはブッククラブで一番大切であるから，グループとしての活躍と個人の活躍を評価する。

2 学区のカリキュラムをブッククラブに組み込む

アメリカでは，教育学区のカリキュラムに従ってブッククラブを教えることに努力している。学区のカリキュラムは州のカリキュラムに従い，州のカリキュラムは国のカリキュラムに従っている。ブッククラブのカリキュラムの目標はほとんどの学区のカリキュラムと一致している（図4-1）。

ラファエルらの教師たちの研究グループ（Teachers' Learning Collaborative）は，ミシガン州のカリキュラム（Michigan English Language Arts Framework）を小学校1年生から8年生にわかる"I can" statement（「私はできる」という文体）に言い換えた。

例えば，音声言語能力についての州のスタンダード（訳注：標準・指針，カリ

第Ⅰ部　理論編

理　解		
予備知識	テクスト処理	自分の読みの評価
・予測	・推論する	・質問する
・既知の知識を使う	・要約する	・混乱を解消する
・必要な知識を得る	・あらすじ	
・文脈の手がかりを使う	・語彙を増やす	
・ほかのテクストと関連づける	・テクスト構造の知識を整理して使う	
	・人物関係，状況，プロットを分析する	

作　文	
過程	情報を使って書く
・計画	・やさしく言い換える
・下書き	・盗用を避ける
・推敲	・引用を明記する
考える道具としての書くこと	・情報を総合する
・リーディングログ	必要に応じた書くこと
・Think Sheet	・エッセイ
・シェアシート	・テスト
	・課題作文

言葉の技術
音・記号
・慣行にしたがって綴る
・よどみなく読む
文法
・音読，話し合い，書くことで，適切な言語を選ぶ（動詞・文法・句読法）
交流
・仲間と話し合って目標を決める
・仲間と文学的側面を楽しむ
・ブッククラブに効果的に参加する

文学的側面		
〈文学的側面〉	〈文学へのレスポンス*〉	
テーマ	パーソナル（個人的）	クリティカル（批判的）
・著者の目的	・経験を分かち合う	・信念や感情の変化について説明する
・人生とのつながり	・個人的な感情を分かち合う	・テクストからの証拠を使って意見の根拠にする
視点	・自分を状況の中に置く	
・登場人物の視点	・自分を登場人物と比較する	・特定の例についてテクストを批評する
・著者の視点	クリエイティブ（創造的）	
ジャンル・構造	・もし～だったら，とたずねる（プロットを変えその影響を探究する）	・著者の目的について話し合う
・物語の構造		・著者の表現技法を見出す
・説明文の構造	・できごとや登場人物の態度や行動をドラマ化する	・テクストを自分の人生を映し出す鏡と他人の人生をのぞく窓として使う
・様々なジャンル		
・テクストの特性	・できごとと登場人物を説明する	

図4-1　ブッククラブカリキュラムの目標領域

第4章　よりよいブッククラブのための評価

表4-1　ブッククラブの話し合いのルーブリック

"4"は：	"1"は：
―話し合いがある	―グループの仲間を無視する
―話している人の方を見る	―話している人に注目しない
―質問をする	―紙飛行機を飛ばす
―自分の考えをみんなに話す	―いじわるだ
―話題から離れない	―ふざけている
―椅子に座っている	―話題から離れる
―聞いている	―椅子に座っていない
―小さな声で話す（訳注：どならない）	

注：4はよい話し合いで，1はあまりよくない話し合いのこと。

キュラム）は「子どもたちは，教科内容について，教師たちや仲間たちと発展的な会話を交わし考えや話題について理解を深め合いながら交流することができる」ということである。

　私たちはこれを分析し，以下のように具体的なスキル*を明らかにした。

私は，よいブッククラブの話し合いのために役立つことができる。
① 話し合っているときに話題から離れないことができる。
② 自分の感情や考えをグループで話し合うことができる。
③ ほかの人の考えや意見を尊敬できる。
④ ほかの人の意見に対して自分の意見を付け足すことができる。
⑤ 発言しない人を発言するように誘うことができる。

　ミシガンの小学校3年生は，ブッククラブの話し合いのルーブリック*（評価基準）をつくった（表4-1）。子どもたちは自分たちでルーブリックをつくったので，学習が自分たちのものだと思うオウナーシップ*（訳注：意識）がある。

③ 評価の道具を創造する

◉教師が観察する道具

　Evaluation Sheet 1（巻末213ページ）のルーブリック*は観察の道具である。小

学校2年生と5年生の教師が共同してつくった。例えば，初めの話し合いで教師が中心になって話し合いをしているとき，子どもたちの発言をルーブリック*に基づいて評価する。「グループの評価」にはグループ全体の評価を書く。これで，グループの話し合いは低調なのに，一人の子どもが活発に参加している場合や，その逆の場合がわかる。

　Evaluation Sheet 2（巻末214ページ）はいくつかのスキルだけを評価する。

　Evaluation Sheet 3（巻末214ページ）のチェックリストを使うと，クラスのすべての子どもたちの音読についての長所と短所がわかる。このリストは，子どもが教師に対して音読しているときか，パートナーと二人で組んで音読しているときに使う。

◉子どもたちの自己評価を助ける道具──単元の中での評価

　Evaluation Sheet 4（巻末215ページ）は，クラスでつくった目標の中から二つの目標を選ばせるものである。子どもたちは前の単元で書いたリーディングログを分析して新しい単元についての目標を立てる。

　Evaluation Sheet 5（巻末216ページ）も新しい単元の目標を考えさせる。

　Evaluation Sheet 6（巻末217ページ）はブッククラブの話し合いが終わった直後に配られ，子どもたちのレスポンスは終わりの話し合いで話し合われる。または終わりの話し合いの後で配られる。翌日教師は，子どもたちに彼らの立てた目標を再確認させ，ブッククラブで実行するようにさせる。

　Evaluation Sheet 7（巻末218ページ）は，2週間の間に子どもたちが自分で立てた目標を達成できたかどうか自己評価をさせる。子どもたちは，このほかにクラスで決めた，あと二つのねらいを加える。毎日ブッククラブの話し合いのあとで，どのねらいを実行したかできたときにチェックマークを入れる。

　Evaluation Sheet 8（巻末219ページ）のリーディングログの自己評価は，子どもたちが，毎日リーディングログに書いたことを振り返って評価するための道具である。

　子どもたちは，チェックマークシステムで記入するか，クラスで決めた3点か4点のルーブリックで評価する。

第4章　よりよいブッククラブのための評価

●子どもたちの自己評価を助ける道具——単元の終わりの評価
　単元の終わりの評価は次の3点について行う。
　① 単元の内容とテーマについて何を学んだか
　② 単元の中での，リーディングログと話し合いの質
　③ 単元の中で使った，読解のスキル*とストラテジー*
　子どもたちが，単元のテーマを理解しているかどうかを評価する一つの方法は，単元の「テーマについてのビッグクエスチョン*」に，読んで話し合ったことをもとに，答えさせることだ。これらの問いに答えることは，子どもたちが単元を通してテーマに集中できるようにする効果的な方法だ。
　Evaluation Sheet 9（巻末220ページ）は，単元の終わりに，教師がテーマについてのビッグクエスチョンについてよく考えさせて意見を書かせるために使う。教師があらかじめ問いを書いたり子どもたちに書き写させたりする。
　Evaluation Sheet 10（巻末221ページ）は下のそれぞれのスキルとストラテジーについてどの程度使っているかを自己評価するものである。これを見て教師は次の単元でどのようなスキルとストラテジーに重点を置いたらよいかわかるし，子どもたちもこれからどこに重点を置いたらよいかわかる。

●子どもたちの自己評価を助ける道具——ポートフォリオ評価
　ポートフォリオは子どもの進歩を評価するすばらしい方法である。ブッククラブのポートフォリオには，リーディングログのサンプル，そのほかに書いたもの，絵などの芸術作品，ブッククラブの話し合いを録音したテープ，子ども自身でテープを分析したもの，子どもたちの自己評価などがある。ポートフォリオは伝統的なテストよりはるかに長所がある。なぜなら失敗を恐れず新しいことに挑戦できるし，様々な学習の成果を使える柔軟性があるからだ。

●子どもたちの進歩を報告する道具
　Evaluation Sheet 12（巻末223ページ）は「サバイバル」をテーマにした単元で，子どものプロジェクトでの学習を教師が評価して報告する。
　Evaluation Sheet 13（巻末224ページ）で，この評価について子どもたちがどう思うかも書かせて，学習目標が達成できているかどうか教師と子どもが対話

するようにする。

Evaluation Sheet 14, 15（巻末225, 226ページ）はリーディングログの評価だ。

◉**修正したレポートカード**

ブッククラブを始めると，標準的なレポートカード（訳注：成績表）は子どもたちが学んだ多くのスキルを反映していないことがわかる。

Evaluation Sheet 11（巻末222ページ）は，ミシガンのランシング学区帰属のレポートカードに提出した言語スキルのチェックリストである。保護者にも渡して意見を聞く。

4 ブッククラブパフォーマンスの評価

◉**パフォーマンス評価**

パフォーマンス評価とは，読み，書き，話し合いの能力について評価することである。典型的なパフォーマンス評価は，1週間の単元の中で行われる。通

表4-2　パフォーマンス評価のスケジュールの例

イベント1 （フィクション）		イベント2 （ノンフィクション）		
月	火	水	木	金
『ひとりぼっちの不時着』の第7章を読む	『ひとりぼっちの不時着』の第8章を読む	科学的な記事の前半を読む	科学的な記事の後半を読む	録音したブッククラブの話し合いを聞いて自分のパフォーマンスを評価する
ログの記入事項を書く	ログの記入事項を書く	ログの記入事項を書く	ログの記入事項を書く	ログの記入事項を一つ選び自己評価を書く
ブッククラブで話し合いをする（グループ1と2を録音する）	ブッククラブで話し合いをする（グループ3と4を録音する）	ブッククラブで話し合いをする（グループ1と2を録音する）	ブッククラブで話し合いをする（グループ3と4を録音する）	
クラスの話し合い	クラスの話し合い	クラスの話し合い	クラスの話し合い	

第4章　よりよいブッククラブのための評価

表4-3　ブッククラブの話し合いのルーブリック

スコア	評 価 基 準
5	・主要なテーマ，課題，問い，人物（すべて複数）に焦点を合わせている。 ・意見を支えるために，テクストと（社会科や理科の）学習内容から，そして（または）個人的な体験からの証拠を効果的に使う。 ・新しい意見を適切に導入する。 ・ほかの人の意見を補強したり発展させたりする。 ・ほかの人の意見を尊重する。 ・明確な目的を果たすために話す。 ・グループの中のあまり積極的でない仲間を適切に助ける。
4	・主要なテーマ，課題，問い，人物（すべて複数）にある程度焦点を合わせている。 ・意見を支えるために，テクストと（社会科や理科の）学習内容から，そして（または）個人的な体験からの証拠をある程度効果的に使う。 ・新しい意見を時々適切に導入する。 ・ほかの人の意見を時々補強したり発展させたりする。 ・ほかの人の意見を尊重する。 ・話していることの目的はたいていは明確である。 ・グループの中のあまり積極的でない仲間を時々適切に助ける。
3	・二番目に重要なテーマ，課題，問い，人物（すべて複数）に焦点を合わせている。または，主要なテーマについての詳しい話し合いが欠けている。 ・意見を支えるために，テクストと，そして（または）個人的な体験からの証拠をほとんど使わない。または証拠の使い方が効果的でない。 ・話していることの目的をある程度明確にしている。 ・ほかの人の意見を補強したり発展させたりすることがある。しかし自発的な発言でなく席の順に発言することが多い。 ・ほかの人の意見をある程度尊重する。 ・新しい意見を導入しても効果的でない。
2	・主要なテーマ，課題，問い，人物（すべて複数）についてほとんど述べていない。または，どんなテーマについても詳しい話し合いが欠けている。 ・意見を支えるために，テクストと，そして（または）個人的な体験からの証拠をほとんど使わない。または証拠の使い方が効果的でない。 ・話していることの目的が不明確か欠けている。 ・ほかの人の意見を補強したり発展させたりすることがめったにない。そして自発的でなく席の順に発言することが多い。 ・新しい意見をめったに導入しない。 ・発言が少ない。
1	・表面的な発言しかなく，テクストと個人的な体験についてほとんど触れない。 ・どうでもよいテクストの細部や無関係な個人的な体験について話す。 ・自分の意見にしつこくこだわり，合意を形成しようとしない。 ・話していることの明確な目的を示さない。 ・ほとんど話さない。 ・手をあげて発言する。または自発的でなく席の順に発言する。

第Ⅰ部 理論編

常の授業をやっている中で評価に必要な情報を収集する。

表4-2がパフォーマンス評価のスケジュールの例である。評価のためにブッククラブのすべての活動を組み込む。

教師が評価するのは，テープに録音したブッククラブの話し合いとログの記

表4-4　リーディングログに書いたことへのルーブリック

スコア	評　価　基　準
5	・主要なテーマ，課題，問い，人物（すべて複数）に焦点を合わせている。 ・意見を支えるために，テクストと（社会科や理科の）学習内容から，そして（または）個人的な体験からの証拠を効果的に使う。 ・多様で，意見と意見が関連し合っていて，よく考え抜かれたレスポンス*を書いている。 ・明確な目的を果たすために書く。 ・よく焦点を絞った，意見と意見が相互に関連し合った，首尾一貫したレスポンスを書いている。
4	・主要なテーマ，課題，問い，人物（すべて複数）にある程度焦点を合わせている。 ・意見を支えるために，テクストと（社会科や理科の）学習内容から，そして（または）個人的な体験からの証拠をある程度効果的に使う。 ・いくつかの，関連し合ったレスポンスを書いている。 ・書いていることの目的がかなり明確である。 ・焦点を絞った，意見と意見が相互に関連し合った，だいたい首尾一貫したレスポンスを書いている。
3	・二番目に重要なテーマ，課題，問い，人物（すべて複数）に焦点を合わせている。または，主要なテーマについての詳しい話し合いが欠けている。 ・意見を支えるために，テクストと，そして（または）個人的な体験からの証拠をほとんど使わない。または証拠の使い方が効果的でない。 ・書いていることの目的がある程度明確である。 ・ある程度焦点を絞って，意見と意見が相互に関連し合って，首尾一貫したレスポンスを書いている。
2	・主要なテーマ，課題，問い，人物（すべて複数）についてほとんど述べていない。または，どんなテーマについても詳しい話し合いが欠けている。 ・意見を支えるために，テクストと，そして（または）個人的な体験からの証拠をほとんど使わない。または証拠の使い方が効果的でない。 ・書いていることの目的が不明確か欠けている。 ・焦点の絞り方も，意見と意見の関連性も，全体の一貫性も不適切である。
1	・表面的な発言しかなく，テクストと個人的な体験についてほとんど触れない。 ・どうでもよいテクストの細部について書く。 ・書いていることの明確な目的を示さない。 ・焦点の定まらない，意見と意見の関連性のない，一貫性のないレスポンスを書く。

入事項である。子どもが自己評価するのは，録音かビデオに録画したクラスの話し合いと，四つのログの記入事項の中で一番よいと思ったものである。

◉評価基準

パフォーマンス評価がポートフォリオと違うのは評価基準があることである。表4-3，表4-4に，話し合いとログに書いたことのルーブリック*を示す。ブッククラブのための準備もたいへんなので毎週評価する必要はない。

日本の読者へのガイド

教師が評価する Evaluation Sheet と子どもが自己評価する Evaluation Sheet とが紹介されている（巻末の各 Sheet を参照）。ブッククラブのような自発性を重んじた学習活動の評価は簡単ではない。だからこそアメリカでは評価方法が発達している。

アメリカでは，親から学校や教師へのプレッシャーは，日本よりはるかに高い。そのために，なぜ評価したかの証拠を示す必要があるからである。主観性を排除することは不可能な評価を，できる限り客観的にしようとする努力から学んでほしい。

教師の評価の主観性を補うために子どもにも評価させる。まず子どもに自分でねらいを立てさせてから評価させているのは自発性と自立心を育てようとしているからである。自分が評価した根拠を示させる場合もある。

これらのすべてを日本の子どもたちに今すぐ行わせることはできないが，日本の子どもたちにもわかるような言葉に変えて少しでも取り入れていただきたい。例えば「焦点を絞る」というような表現は日本の子どもには耳慣れない言葉だが具体例を示して何度も説明すれば，さほど困難もなく子どもは理解するものである。

この章では多くの Evaluation Sheet があげられているが全部の授業で評価するのではない。アメリカの教師は日本の教師のように長時間勤務はしない。

第5章
ブッククラブを用いた学級経営

　この章はブッククラブを初めて導入する教師のために，選書，グループのつくりかた，学級文庫，支援の必要な子どもなどについて述べる。

1　選　書

　よい文学は「子どもたちが人生で経験するできごとや考えたことを映す鏡」であり，また同時に「子どもたちが個人的には決して経験しない人々や場所やできごとを見ることができる窓」でもある。だからよい本を選ぶことがブッククラブにとって一番大切である。

　選書の条件は，まず質の高い本を選ぶことだが，次の条件も同じように重要である。

① 　まじめなディスカッションが起こる可能性があること
　　子どもが本から刺激を受けて，まじめな，実際の人生の問題について，本について話し合いをし，意見を述べることができる。ブッククラブで使う最善の本は，子どもが自然に会話したり議論したりできる問題を扱った本である。いかに美しく書かれていても，真剣な課題に向き合っていない本では，熱心な話し合いは起こらない。

② 　子どもの発達段階に合っていること
　　多くの絵本は読みやすくても複雑で高度な内容を持っている場合が多い。例えば『ヒロシマのピカ』は低学年には理解できない。小学校4～5年でも内容を理解できない。また，登場人物が子どもたちより若い場合は興味を失う。

③ 　子どもたちが興味を持つ本
　　教師自身が好きな本も，教師の意欲が伝わって子どもを刺激する。

④　子どもたちが本の内容になじみがあること
　　子どもたちが本を理解するのに必要な予備知識を持っている必要がある。もし予備知識がない場合は本を読み始める前に，予備知識を知るための調べ学習を行わせることもある。
⑤　テクストの難易度
　　クラスで読んでいる本よりレベルの高い子どもには，同様のテーマの関連する本を読ませる。
⑥　クロスカリキュラム*の可能性を探ること
　　ブッククラブの偉大さは，様々な教科内容を統合できることである。社会科や理科に関連する本を読むときは本に入る前に教科内容について学んでおく。
⑦　予算，図書館の在庫
　　様々な予算を使ったり，図書館から借りたり，同僚から借りたり，自費で購入したりする。

　ブッククラブでは年間に4冊から8冊の本を読むので，本を選ぶときには上述の要素，本の質，話し合いができる可能性，子どもたちの予備知識，本の難易度，他教科との関連，本の入手方法を考える必要がある。

　第7章から第10章で紹介する文学でよいブッククラブを行うためには，教師は子どもに読ませる前に，どんな本でも必ずあらかじめ自分で読んでおかなければならない。

②　グループのつくり方

　ブッククラブの独自性は，子どもが主導して意見を言い合うことにある。普通，4～5人でグループをつくる。同じ本か単元の間はメンバーを変えない。グループ分けは慎重に行うことが重要である。考慮することは，性，民族，言語能力，子どもの個性や態度，「子どもの選択」に偏りがないことなどである。

◉偏りがないようにすること
　年度初めは，性，民族，総合的な能力，ソーシャルスキル*でグルーピングす

ることを勧める。特別な支援を必要とする子どもがいたら分散する。多様な子どもがグループにいると，考えるスキルとソーシャルスキルが育つ。年度初めは4人がベストである。

◉態度と個性

　一つの指針は，校庭やランチルームでうまくやっていけない子ども同士がいれば同じグループに入れないのがベストだ，ということである。また，仲のよすぎる子どもを同じグループに入れるのも効果的でない。リーダーシップを持った子どもとおとなしい子どもは分散する。しかしよく観察する必要がある。クラス全体の中ではびくびくしていた子どもが，少人数のグループではリーダーシップを発揮することもある。学習意欲の低い子どもが高い子どもと同じグループになるとやる気を出すこともある。教科書を使った普通の授業ではやる気のない子どもがブッククラブでは花開くこともある。

　リーダーシップ，自己主張力，恥ずかしがりかどうか，社交性，などでグループが成功するように，良識を働かせてグループをつくる。

◉子どもの選択

　ブッククラブのゴールは子どもが，自分の意志で自発的に学習できるようになることだ。それは，話し合いのときに自由に発言できるようになることでもある。

　例えば，単元の終わりに調査をして，グループのメンバーとうまくやっていけたかどうかを書かせる。そして，グループの中で次の単元でも一緒になりたい子どもを2～3人指名させる。そのために Evaluation Sheet 16（巻末226ページ）を使う。そして子どもが一緒のグループになりたいと言った子どもの中から少なくとも一人は同じグループに入れるとよい。

◉ほかのグループのつくり方

　5年生の教師は，男女別のグループにすると，異性に気が散らないので集中できることに気づいた。しかし，同性だけのグループにすると排他的な徒党を組んだり，多様な意見が出にくくなる傾向がある。

子どもたちが希望した場合，彼らが話し合いをリードできれば，例外的に同じグループで2冊目の本を読んでもよいが，2冊以上はお勧めしない。ほかのクラスメイトと交流できなくなる。

◉難しい子どもの扱い

　授業妨害をする子どもへの対策は次の通りである。まず，グループから席を離す。ブッククラブの話し合いのときだけグループに入れる。そして，その子どもに責任をとらせる。毎日，その子にちゃんと参加できるかどうか聞く。できないと答えたときはほかの活動をさせる。また，積極的な参加のしかたを教える。ほかのグループを見学させてどこがよいかをノートにとらせる。どんなことがわかったかを教師と話し合わせる。

3 「金魚鉢」を使ったモデル

　一つのブッククラブのグループを教室の中央において，ほかの子どもたちは観察する。そのグループは，教師たちでもよいし，熟練した年長の子どもたちでも，クラスメイトでもよい（訳注：観察されるグループを原著者は「金魚鉢」とネーミングした）。

　教材には，今やっている単元のテーマに関係する，子どもがたやすく読んで話し合いができる，詩や短い話や絵本を選ぶ。「金魚鉢」をやる前にクラス全員が選ばれた文章を読む。

- 「金魚鉢」に入りたい子どもを募集する（話したい子，意見のある子，モデルを見せたい子など）。
- 議論がおかしくなっても教師は口出しをしない。後で議論する。
- 生産的な議論が続いている限り続ける。2分から10分。10分以上だと観察している子どもが退屈する。
- 外にいる子どもも順番に「金魚鉢」に入れ，全員にやらせる。あとで，クラス全体の話し合いで議論する。
- クラスの話し合いで，最初に，会話の内容に焦点を絞り，その本の大事なポイントを観察者に指摘させる。

第Ⅰ部　理論編

```
内側の子どもたち
・テクストの意味を明確に
　しようとして話し合う。
・協力し合う。
・課題を解決する。
・知的な会話をする。
・個人的なレスポンスをす
　るスキルを身につける。
・意見をはっきり言って，
　さらに深める。
・テクストとほかの人の意
　見を評価・批判する。
```

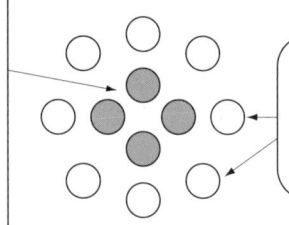

```
外側の子どもたち（4人以外）
・何がうまくいったか，どこを
　改善したらいいか観察する。
・ディスカッションが終わった
　後で質問する。
```

図5-1　金魚鉢

- 外にいた子どもに，ノートを見ながら，どこがうまくいって，どこが改善の必要があるか指摘させる。どんな行動がよい会話に結びついたか言わせる。子どもの指摘をチャートに列挙する。
- 話し合いのスキルについて教える必要があると思ったときは，いつでも「金魚鉢」をやる。「金魚鉢」はブッククラブを始めたばかりの子どもたちに効果的である。また，「金魚鉢」は評価にも役立つ（図5-1）。

④　リードアラウド

● リードアラウドの効果

　私たちは，毎日15～30分間リードアラウド*する。

　リードアラウドはブッククラブで次のような効果がある（表5-1）。

　第一に，リードアラウドで本と本の関係について考える機会を与える。教師が，その本とほかの本とにどのような関係があるかについて，考え方のモデルを示して説明すると，子どもたちもリーディングログに書いたりブッククラブで話し合ったりするようになる。

　第二に，リードアラウドで，文学と実際の人生を関係づけるモデルを示す機会になる。教師が読みながら，本を読んでどんな感情が起こったか，なぜそれが大切か「声に出して考える」。こうして，どうやって本をもっとよく理解したらいいか，本を使って，どのようにして子どもたち自身の人生を理解するか

表5-1 なぜリードアラウドするか

- ほかのテクストとの関連について考えさせる状況を創造する。
- 教師が文学と人生を結びつけるモデルをする。
- なめらかな音読のモデルをする。
- 子どもたちの語彙を増やす。
- 教室の共同体を創造する。
- よい話し合いの態度を練習する。

訳注:リードアラウドは,単なる音読だけでなく指導や交流も含むことがわかる。

を教える。

　背景になる体験や予備知識が本の理解にどれだけ役立つかも教えることができる。社会的構成主義の学習観（訳注:知識を注入しない学習観）に立って,テクストの理解は,社会的な,言語に基づいた状況の中で行われることに気づかせるように支援する。リードアラウドして話し合うことでこれを達成する。

　第三に,教師が,よい音調と抑揚で感情を込めて読むことで,子どもたちはなめらかに音読し,書くこととスピーチを向上させる。そうして言葉の美しさを教え,語彙を増やし,表現力をつける。

　最後に,クラスで意見を言い合い,信じることや感情を言い合うことで読み・書きの共同体としての一体感が生まれる。こうやって自由に意見を言い合うことが自然なブッククラブの会話につながる。

●特別な学級文庫

　私たちはブッククラブ単元をサポートするために特別な学級文庫に本を集めた。これらの本は,ジャンル・テーマ・話題・作家ごとに,ブッククラブで使う本とリードアラウドする本に関連している。黙読のために通常の学級文庫も用意している。特別な学級文庫はブッククラブの単元が変わるたびに変わる。この文庫で本とほかの本との関係を考えさせる。

5　インクルージョンの考え方

　インクルージョンの定義は様々だが,この章では,図5-2のように「特別な支援を必要とする子どもたちへの様々なサービス」とする。

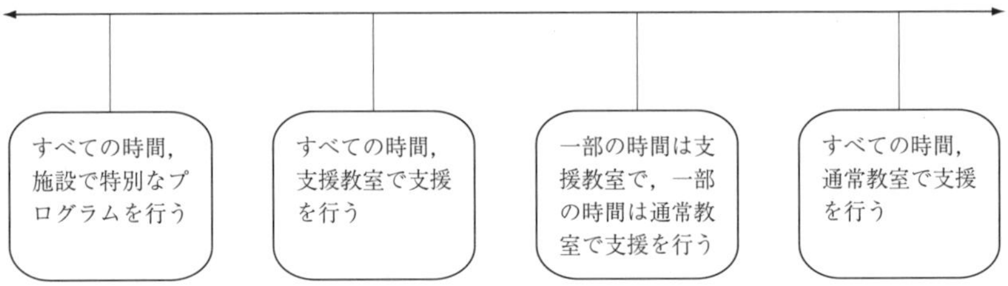

第Ⅰ部　理論編

```
┌─────────────┬─────────────┬─────────────┬─────────────┐
│ すべての時間， │ すべての時間， │ 一部の時間は支 │ すべての時間， │
│ 施設で特別な  │ 支援教室で支援 │ 援教室で，一部 │ 通常教室で支援 │
│ プログラムを行う│ を行う      │ の時間は通常教 │ を行う      │
│             │             │ 室で支援を行う  │             │
└─────────────┴─────────────┴─────────────┴─────────────┘
```

図5-2　様々なインクルージョン

　長い年月，私たちは通常教室で教育を受けない子どもたちを教えてきた。LD，ADHD，ADD，情緒や言語や視覚に障がいのある子どもたち，脳性麻痺，ダウン症など特別な支援を必要とする子どもたちはすべてブッククラブに参加し成功を収めてきた。ブッククラブに参加できなかったのはごく少数の子どもだけである。

◉読むことへの支援
　通常学級では，教材が難しすぎる子どもの場合，ブッククラブに参加すると読むことへの興味が増す。なぜならブッククラブではその子どもが興味を感じる本を与えられるからである。
　多くの子どもたちは，本を自宅に持ち帰ってあらかじめ読んでおく。大人の助けを借りる場合もある。教室では繰り返し読み返す。よく読める子どもといっしょにパートナーリーディングすることが効果的である。よく読める子どもが音読するのについて音読するとよい。
　本を音読してテープに吹き込むのもよい方法である。学級文庫に音読したテープを用意すると，どんな子どもでもよどみなく読む学習がしやすくなる。
　ブッククラブで，子どもたちに学級のオーディオライブラリーのために，テープに音読を吹き込むオーディションをするとよい。教師や親が吹き込んでもよい。

◉ソーシャルスキルを育てる
　教師なしで小グループで話し合うことは，特別な支援を必要とする子どもたち以外の子どもにとっても大変なことである。

第一に，質問する・ほかの子どもの発言にどう答えるか・発言できない子どもをどう参加させるかなどのソーシャルスキル*は，クラス全体の子どもたちに必要であるが，特に特別な支援を必要とする子どもたちに注意を払う必要がある。
　第二に，特別支援教室の教師たちは小グループでの話し合いのしかたを教える必要がある。特別な支援を必要とする子どもたちは小グループでの話し合いの方がクラス全体での話し合いより話しやすいからである。小グループでの話し合いで自信をつければクラス全体に溶け込むことが容易になる。
　子どもたちにソーシャルスキルを育てるためには，教師に，忍耐と時間とトレーニングと試行錯誤が必要である。しかし，その努力に見合ったものを得ることができるだろう。

◉クラス全体で特別な支援を必要とする子どもたちへの理解を深めておく

　特別な支援を必要とする子どもたちと学ぶことはほかの子どもたちにためらいがあることが多い。これを克服するには教師が直接指導する必要がある。学年の初めに能力について話し合うことがよくある。まず，能力とは何か，クラスで定義させる。ディサビリティ（訳注：能力を欠くこと，障がい）とは，ほかの人が持っている能力を持っていないということではない。ディサビリティとは，ある人が人生のある場面で挑戦しなければならないことである。
　私たちが強調することは，だれでもほかの人と同じようにできないことやほかの人と違っていることがあるということである。子どもたちに理解させなければいけないのは，ディサビリティがあっても人は人であること，だれでもどこかディサビリティがあるということである。こういう話し合いをやると，感受性や協力し合うこと，人を受け入れるという意識が高まり，いじめたりばかにしたり虐待したりすることが少なくなる。ほかの人と違っているからといってからかってはいけないということを重要なクラスのルールとして強調しよう。
　最後に，私たちはすべての子どもたちが参加できるようにしたい。例えば，ログにうまく自分の考えを書けない子どもには，まずテープに吹き込んでからパソコンで書かせる。多くの特別な支援を必要とする子どもたちは，一人ひとりの子どもたちに合わせて，やり方を変えることでブッククラブに参加できると信じている。

第Ⅰ部　理論編

6　教師への助言——よくたずねられる問い

以下は，ブッククラブを始めた教師からよくたずねられる問いである。

◉カリキュラムについて
【どうしたらブッククラブでクロスカリキュラム*ができるか】
- クラスの話し合いでクロスカリキュラムとの関連を話す。
- 内容教科（訳注：社会科・理科など内容を主とした教科のこと）を含んだテーマ単元を創造する。
- 調べ活動で教科内容の知識を築かせる。

【どうしたらブッククラブに「探求に基づいた学習」を組み込めるか】
- ブッククラブが始まる前に調べ学習をして予備知識*を築かせる。
- ブッククラブが終わった後で，子どもたちから出た問いについて探求単元を発展させる。
- ブッククラブのテーマに関連したことについて，親や地域の人にインタビューさせる。

【言語活動と文学活動のほかに，統合的な*言語技術プログラムにするにはどんな活動を組み込んだらよいか】
- 一人読みの時間を設ける：様々なジャンルの本を読ませ，子どもたちが書いたものを仲間と話し合わせる。
- ジャーナル*を書く：毎日，個人的なジャーナルを書かせ，子どもたちで話し合わせる。
- クラス全体での書くことへの取り組み：クラスの本をつくる，クラスの物語をつくる，朝のメッセージ集など。
- 文法とスペルの指導：学区の指導書を参考にして，書く活動の中で自然に教える。

【学区のカリキュラムの要求とブッククラブをどう統合するか】
- ブッククラブに関連する学区のカリキュラムの指導事項に印をつけ，クラスの話し合いやリーディングログ*の中で教える。

第5章　ブッククラブを用いた学級経営

- 教師がブッククラブの本をあらかじめ読み，学区のカリキュラムに関係したところを強調する。
- 読み書きはあらゆるカリキュラムに関連するから，ブッククラブだけでなくあらゆる機会に教える。

◉ブッククラブの運営

【ブッククラブの話し合いのためにどんなガイドライン（訳注：指針）を子どもたちに与えたらよいか】

- 子どもたち自身にガイドラインをつくらせる。家や校庭や教室など様々な場面の会話とテレビや映画や個人的な体験などについて子どもにたずねる。どんな会話がおもしろいか，どんなやりとりが楽しいか，どんな参加のしかたがあるか話し合わせる。
- 過去に教えた子どもがつくったガイドラインの例
    ——どんなことを話しているか理解した上なら，割り込んで発言してもよい。割り込みで会話がわからなくなる場合はだめ。
    ——よく聞いてから意見を言おう。
    ——はい，いいえだけで答えられる質問は避けよう。オープンエンド*で議論が起こるのがよい質問である。
    ——参加していない子どもがいたら，仲間に入れる努力をしよう。例えば，教師がその子に質問する。
    ——会話を本に集中させよう。議論の話題から離れない。だれかが話題から離れたらグループの責任で話題に戻す。
    ——ちょうどよい声で話す。わめかない。
    ——仲間と仲間の意見を尊重しよう。
    ——話し合いは，だれかのコメントから次の人に移る。自分のログだけ読んで，「終わった」などと言わない。みんながログに書いたことを聞いてから話し合おう。

【どうしたら子どもたちによいリーディングログを書かせられるか】

- 質の高いリーディングログの記述を見せて話し合う。お互いのログを見せてどこがよいか，どうしたらよくなるか話し合わせる。

- あるブッククラブのクラスでつくったガイドラインの例：
  —— リーディングログの記述はブッククラブでよい会話を引き起こさなければならない。
  —— 物語に疑問点があったら書いてグループにたずねる。はい，いいえをたずねる問いはよい議論にならない。
  —— 本に対するあなたの感情とレスポンスは，物語のあらすじより興味深いものである。
  —— 日付，タイトル，読む章や読書課題をそれぞれのログの項目に書く。
  —— スペルや文法はブッククラブの主目的ではない。考えたことをすぐ書こう。完璧でなくても気にするな。
  —— ブッククラブの経験が増えたら，毎日，ログに違った数種類のレスポンス*を書こう。
  —— ライティングタイム（訳注：書く時間）はホットペンシルタイム（訳注：鉛筆が熱くなるほど夢中で書くこと）だ。時間が来るまで書くのを止めるな。一つのアイディアを書き終わったら次のアイディアを書け。
- それぞれのレスポンスタイプ（レスポンスチョイスシート*）のモデルをオーバーヘッドプロジェクタ（OHP）で示して見せて，その日に同じタイプのレスポンスを子どもたちに書かせる。

【Think Sheet* とシェアシート* の違いは何か】

- Think Sheet は，特別なタイプの「書くレスポンス」を引き起こすハンドアウト（訳注：配付資料）である。例えば，教師が，二冊の本や二人の登場人物を比較することを求める Think Sheet を配る。
- シェアシートは，子どもが書きたいように書く白紙のシートだ。名前，日付，読みの割り当てページを真ん中に書き，残りをセクション（訳注：分割した部分）やスポーク（訳注：中心からのびる軸）で区切る。それぞれのセクションに子どもたちは一種類のレスポンスを書く。例えば，ブッククラブのための質問のリストとか，ほかの本との関連や，その章の批評とか，教師が与えた「ライティングの問い*」などである。
- シェアシートは，同じページに数種類のレスポンスが書いてあるので，一目で見られるからブッククラブのときにページをめくる必要がない。

第5章 ブッククラブを用いた学級経営

- 子どもたちは，幅広いレスポンスタイプを学んだ後でシェアシートを使う。
- 子どもたちが経験を積んできたら，子どもたちに独自のシェアシートを創造させる。そこでは，創造的なログをつくるように励ます。それが子どもたちの学ぶことへのオウナーシップ*と，自分にとって一番意味のあるログをつくることに役立つからである。

【公式と非公式にブッククラブを評価するのにどんな方法があるか】

- 毎日一つのグループのログを集めて見る。30冊を見るのは大変だが，こうすれば一回に5〜6冊見ればよい。
- 子どもが自分で Evaluation Sheet に評価したものを評価する。
- 子どもが Think Sheet に書いたものを評価する。

【特に，ブッククラブを始めたばかりのとき，子どもたちをどうやって話し合わせたらよいか】

- 「金魚鉢」のテクニックでモデルを見せる。同僚の教師でも，前に教えた上級生でもよい。
- ブッククラブの話し合いのトランスクリプト（訳注：会話記録）を子どもたちに見せる。どんな言葉を使って話し合いをしているか注目させる。
- 前に教えた子どもたちがブッククラブをしているビデオを見せる。
- 話し合いの初めに，子どもたちがログを音読し，お互いのログについて質問し合わせる。慣れたらログを音読するのはやめる。よい会話というのは，一つの考えから次の考えに自然に流れることを教える。
- 発言するのに自信のある子どもに頼んで発言の少ない子どもに質問をさせたり，発言の少ない子どもの発言を敬意をもって聞くようにさせる。
- 子どもたちに，「大人がブッククラブをするときは，本に書いてあることを自分たちの人生に結びつけるんだよ」と教える。
- チップシステムに挑戦しよう。めいめいが数枚のチップを持つ。ビンゴチップでも，紙や木のチップでもよい。子どもが発言するたびにチップをテーブルの中央に置く。全部の子どもが全部のチップを使わなければならない（訳注：チップを使い切ったら発言できない）。

【ブッククラブのために本を選ぶよい方法はないか】

- 雑誌や本のブックリストを見る。

第Ⅰ部　理論編

- テーマを先に選んでからテーマに関連した本を選ぶ。
- ほかの教師に、授業で使ってうまくいった本をたずねる。
- どんな本を子どもが借りるか、学校や地域の司書に聞く。
- 年間カリキュラムを見て、主なカリキュラムの目標などにあった話題やテーマを選ぶ。
- 子どもに読みたい本を聞く（それが特に話し合いする価値があるかどうか吟味する）。
- 自分の好きな本を選ぶ。

【どうしたら十分な冊数の本をそろえられるか】

- 同僚の教師と本のセットを交換する。
- 学校や学区の同学年の教師と共同で本を買う。
- PTAに頼んで教室の本のセットを買うお金を出してもらう。
- 教室の本のセットを買うために、本の流通業者に電話して特別価格で売るよう依頼する。
- 商業的なブッククラブのボーナスポイントを使う。
- 地域の図書館から借りる。
- 学校の管理職に予算がないかどうかたずねる。ワークブックを買っていたお金を本や絵本に回させることもできる。
- 学区や自治体の図書館にたずねる。多くの教育委員会は本を貸すシステムがある。
- 学区や州やほかの補助金で本が買えないかどうか調べる。

【ブッククラブにどのくらいの時間をかけるか】

- ブッククラブのやり始めは短時間で、完全なブッククラブは一時間以上かかる。図5-3に示したのは2種類の例示である。

【どうしたら子どもたちのレスポンス[*]のタイプを増やせるか。そして、子どもたちが書いていることや発言していることについて、深く考えさせることができるか】

- レスポンスのタイプのモデルを見せよう。リードアラウド[*]用の本の一節を読んだ後で、教師が本について考えていることを話す。またはモデルとなるレスポンスのしかたを黒板に書く。

ブッククラブの時間 配当のオプション		オプション1	オプション2
初めの話し合い*（レッスン）		8〜10分	15分
リードアラウド		20〜25分	15分
書くこと		5〜7分	15分
ブッククラブ		5〜7分	15分
終わりの話し合い*		5〜7分	15分

図5-3　ブッククラブにかける時間

注：「オプション」とは，ブッククラブの時間配当の選択肢のことである。
訳注：「レッスン」とはポイントを絞った短い指導，「ミニレッスン」のこと。

- 許可を得て，教師が推奨したい子どものレスポンスを見せる。
- いつもレスポンスのタイプをおさらいする。
- レスポンスの選択シートを渡す。例えば，Think Sheet 5（巻末204ページ）を使ってみよう。この Think Sheet 5 を子どものログの表紙につけてもよい。
- 授業で強調したいレスポンスのタイプをチャートとしてリストにしてクラスのよく見えるところにはっておく。
- クラスの話し合いで，子どもたちが書いたレスポンスのタイプについて話し，いろいろなレスポンスのオプションについて話し合う。
- 子どもが独創的なシェアシートを創造するように励ます。
- 子どもが創造したシェアシートをコピーしてフォルダーに入れ，子どもたちが参考にできるようにする。
- 毎日一節（訳注：本書の実践例を見ると10ページぐらい）読むごとに一つ以上のレスポンスタイプをログに書くように子どもにチャレンジさせよう。

【義務的なレポートカード（訳注：成績表）では，教室の会話やログに書いたことを記録するのに十分なスペースがないときに，子どもたちの学習状況をどうやって示したらよいか】

- Evaluation Sheet 11（巻末222ページ）は義務的なレポートカードを補った。親や管理職に学習状況を伝えるために使うとよい。
- 子どもたちから，「書くこと」の短いサンプルを集め，教師が親のために

第Ⅰ部　理論編

　　サンプルを解説したりサンプルにコメントを書いて親に渡す。
- 子どもたちに，どんなことを学習しているか親に語るように書かせる。子どもたちに一番よく書けたログを見つけさせ，なぜよいか説明させる。
- グループのブッククラブでの話し合いを録音させ，家に持ち帰らせる。
- 親に手紙を書き，ブッククラブがカリキュラムの目標達成にいかに役立っているかを説明する。

◉多様な子ども

【うまくやっていけない子どもをグループ分けする方法があるか】
- どうしてもうまくやっていけない子ども同士を別々のグループに入れる。それほどでもない子どもには，うまくやっていく方法をコーチする。
- 意見が対立したときの話し合いをロールプレイ*する。批判されたときに，自分の考えを説明すること（訳注：反論すること）のモデルを見せる。このストラテジー*を教えるとき，人が話しているときに割り込まないように教える。仲裁の仕方も教える。
- 交渉したり妥協したりほかの人々の意見を尊重することは，仕事や家庭で成功するために必須であることを教える。

【ブッククラブに参加したくないという子どもがいたらどうしたらよいか】
- 個別に話してなぜ参加しないのか原因をはっきりとさせる。話すのが恥ずかしいのか。書くのが難しいのか。本が難しすぎるのか易しすぎるのか。退屈なのか。だれか仲の悪い子どもがいるのか，など。
- 問題行動のある子どもは以下のように対応する。
    - ——例えば一回のブッククラブで二回質問する，リーディングログ*に少なくとも１種類のレスポンスのタイプを使う，人が話しているときに話さない，などのように，その子どもに一定の時間の行動を約束させる。
    - ——毎日，グループに参加できるか，または静かに聞いていられるか決定させる。できないと言ったら別の学習をさせる。
    - ——その本が退屈だと言ったら，同じ話題について，その子にとってもっともおもしろいほかのメディアを使ってリサーチ*させる。CDの百科事典，ビデオ・雑誌・ネットなど，子どもが発見したことをクラスで発

表させる。

【本が難しすぎると感じる子どもにどんな支援をしたらよいか】
- 親やほかの教員などといっしょにあらかじめ本を読ませる。
- その本について一対一でその子どもと話し合う。子どもが一人で読むときに，物語のあらすじをまとめたり予測させたり必要な予備知識を与える。

日本の読者へのガイド

　ブッククラブの時間配当について，アメリカの場合，州や学区によって大きな違いがあるが，一般的に国語の配当時間が長く，毎日60分以上ある場合が多い。また，時間配当が教師に任されている場合が多いので，この本に示した通りには日本ではできない。

　アメリカ人の場合には子どもがすぐに意見を言い始めるので，5分でもブッククラブの話し合いが成り立つが，日本人の場合はもっと時間をかける必要がある。また，アメリカの教師のリードアラウドは日本人に比べると非常に早く，音読しながら子どもに質問して，短い教科書教材ぐらいのものなら20分ぐらいでできるが，日本人はゆっくり進める習慣がついているので，もっと時間がかかる。

　以上のことを踏まえ，日本でやる場合には次のような方法をお勧めする（例示である）。

【一時間目】
- 初めの話し合い：意見を言うときに，テクストから理由を言うスキルのミニレッスンをする（10分）。
- リードアラウド：音読しながら質疑応答をする（30分）。
- 終わりの話し合い：ミニレッスンのスキルが使えたかどうか復習する（5分）。

【二時間目】
- 初めの話し合い：ログの書き方を教えるミニレッスン（10分）。
- 子どもがログに書く（10分）。
- ログに書いたことをもとにブッククラブの話し合い（15分）。
- 終わりの話し合い：グループで話し合ったことについて各グループの司会が発表し，質疑応答する（10分）。

　子どもの慣れに応じて時間を調節し，これを繰り返していく。子どもたちが自分たちだけでグループの話し合いができなければ，「金魚鉢」を行って話し合いのしかたを身につけていく。

第6章
テーマに基づく単元

1　ブッククラブ単元の構成

　この章では，テーマに基づくブッククラブ単元がどのような構成になっているかを一覧しよう。そして第7章から第10章までのテーマに基づくレッスンプランの序論としよう。

● テーマについてのビッグクエスチョン
　あらゆるテーマに基づく単元はテーマについてのビッグクエスチョン*で成り立っている。テーマについてのビッグクエスチョンとは，単元のテーマの核心に迫る問いである。単元の最初にテーマについてのビッグクエスチョンを示して，単元が行われている間教室に掲示する。これで子どもたちの話し合いや書くことが，これらの質問に集中するようにする。
　例えば，「価値」をテーマにした多様な本を読む単元でのテーマについてのビッグクエスチョンは，以下のようなものが考えられる。
- 価値の意味は？
- 「価値がある」とはどういうことだと思う？
- 何かが価値があるかどうかをあなたはどうやって決める？
- なぜ，あるものはほかのものより価値があるのだろうか。
- 目に見えない，触れない，味がしない，聞こえない，においがしないもので「価値がある」ものはどんなものだろうか。

　子どもたちは，単元の初めにテーマについてのビッグクエスチョンについてたずねられ，単元の終わりでもう一度たずねられ，考え方がどう変わったか考える。

第6章　テーマに基づく単元

◉ブッククラブレッスン
　ブッククラブの通常の順序は次の通りである。①初めの話し合い：理解のストラテジー*，文学的側面，ブッククラブに効果的に参加する方法などについて教師が指導する。②読書課題のページを読む（訳注：本書は，第7章以降のブッククラブレッスンプランでは，原著のページ数を示している）。③読んだことについてリーディングログ*に書く。時々，ライティングの問い*の助けを借りる。④ブッククラブのグループで話し合う。⑤クラス全員で終わりの話し合いをする。
　多くのライティングの問いは，子どもたち自身の人生と経験に結びつけるのに役立つ。ライティングの問いをコピーしてリーディングログに入れさせておくこともできるし，黒板に毎日書くやり方もある。また，必要に応じて，後述する一つのレッスンが一日以上かかる場合もある。

◉評　価
　この本で示した Evaluation Sheet を，教師が自分自身の Evaluation Sheet を創造するサンプルにしてほしい。
　ブッククラブのカリキュラムは次の構成になっている。これらは国，州，学区のカリキュラムに基づいている。
　私たちが指導の焦点にした四大領域は「理解」「文学的側面」「作文」「言葉の技術*」である。「理解」とはテクストが理解できるようにすることである。このスキルは予備知識を育てる*，テクストを理解する，読みながら自分が理解しているかどうかを評価することが含まれる。「文学的側面」は，文学的要素と子どもの文学へのレスポンス*が含まれる。その「文学的要素」は，テクスト全体の構造と作家がテクストを創造する道具が含まれる。また，「子どもの文学へのレスポンス」では，パーソナル，クリエイティブ，クリティカルなレスポンス*が含まれる。「作文」では，リサーチのときにとるノート，毎日書くログや単元の終わりにテーマに関して書くエッセイ*などブッククラブの中で書くこと全部が含まれる。「言葉の技術」では，文法，スペリング，よどみなく読む，文学について話し合いをするときのソーシャルスキル*などが含まれる。

第Ⅰ部　理論編

2　国の言語技術の基準

　ブッククラブのテーマ単元の指導と活動は全米英語教師協議会（NCTE：National Council of Teachers of English）と国際読書協会（IRA：International Reading Association）が開発した国の言語技術の基準（National Language Arts Standards）と対応している。英語言語技術のためのNCTE/IRA基準は次の通りである。

①子どもたちは幅広く印刷されたテクストと印刷されないテクストを読み，テクスト，自分，アメリカ国内と世界の文化への理解を構築し，新しい情報を得，社会と職場での必要性と個人生活の充実の要求に答える。テクストとは，フィクション，ノンフィクション，古典と現代の作品である。

②子どもたちは多くのジャンル・時代の，広い範囲の文学を読むことで，多くの分野への理解を築き上げる（例えば，哲学的な，倫理的な，美的な分野）。

③子どもたちは広範囲のストラテジーを使ってテクストを理解し，解釈し，評価し，価値を認識する。子どもたちは，今までの体験，ほかの読者・作家との交流，言葉の意味やほかのテクストの知識，言葉の意味を確認するストラテジー，テクストの特徴（例えば，音声と文字の対応，文の構造，文章の前後関係，図・グラフ・絵など）を活用する。

④子どもたちは，様々な聞き手と異なった目的で効果的にコミュニケーションをとるために，話し言葉，書き言葉，形式などの視覚的な表示言語を修正して適合させる。

⑤子どもたちは，異なった聞き手と様々な目的のためにコミュニケーションをとるために，幅広い書くことのストラテジーを活用し，書くプロセスの異なった要素を適切に使う。

⑥子どもたちは，印刷されたテクストと印刷されないテクストを，創造し批評し話し合いをするために，言語構造，言葉の技術（例えばつづりや句読法），メディアテクニック（訳注：インターネット，テレビなどニューメディアの活用法），比喩的・象徴的言語，ジャンルの知識を応用する。

⑦子どもたちは，意見と問いを生み出したり，問題提起することによって，問題点や関心ごとについて調査をする。

⑧子どもたちは，多様な技術的情報源と情報資源（例えば，図書館，データベース，コンピュータ・ネットワーク，ビデオ）を使って，情報を集めて総合し，知識を創造してコミュニケーションをとる。

⑨子どもたちは，言語の使い方，パターン，文化の違いによる方言，民族グループ，地理的な地域，社会的な役割の多様性に対して子どもたちの理解と尊敬を育てる。

⑩第一言語が英語でない子どもたちは，第一言語を使って英語言語技術の能力を育て，各教科を横断した教科内容について理解を育てる。

⑪子どもたちは，多様な言語共同体の知識があり，よく考え，創造的でクリティカルなメンバーとして参加する。

⑫子どもたちは，話す，書く，視覚的な言語を使って，自分たちの目的を達成する（例えば，学習，娯楽，説得，情報交換など）。

3 国の社会科の基準

社会科や理科と関連のある文学作品を選ぶことで，クロスカリキュラム*のリンクをつくる。テーマ単元は社会科とリンクする機会が非常に多い。これらの単元では子どもたちが歴史的な事実を読み，異なった時代の人々が直面した問題について考える。また，歴史的な登場人物たちの状況と現代の生活とを関連づけて，どんな時代にも共通する人間生活のテーマについて熟考する。

全米社会科教育協議会（NCSS：National Council for the Social Studies）が開発した次の基準とブッククラブ単元の学習内容を対照させた。

①文　化

　　社会科のプログラムは，文化と文化の多様性についての学習を与える体験を含まなければならない。

②時間，継続性，変化

　　社会科のプログラムは，人間が自分自身について，現在と時間が経過する中で観察する方法についての学習を与える体験を含まなければならない。

第Ⅰ部　理論編

③人，場所，環境

　　社会科のプログラムは，人，場所，環境についての学習を与える体験を含まなければならない。

④個人的な発達とアイデンティティー（訳注：個性とか主体性にあたる）

　　社会科のプログラムは，個人的な発達とアイデンティティーについての学習を与える体験を含まなければならない。

⑤個人，グループ，組織

　　社会科のプログラムは，個人，グループ，組織の中での交流についての学習を与える体験を含まなければならない。

⑥権力，権威，統治

　　社会科のプログラムは，どのようにして人々が権力，権威，統治の構造を創造し変化させているかについての学習を与える体験を含まなければならない。

⑦生産，流通，消費

　　社会科のプログラムは，どのようにして人々が物品とサービスを生産し，流通し，消費することを組織しているかについての学習を与える体験を含まなければならない。

⑧科学，技術，社会

　　社会科のプログラムは，科学，技術，社会の関連性についての学習を与える体験を含まなければならない。

⑨地球的なつながり合い

　　社会科のプログラムは，地球的なつながり合いと相互依存についての学習を与える体験を含まなければならない。

⑩市民の理想，実践

　　社会科のプログラムは，民主共和制の中で公民権の理想・原理・実践についての学習を与える体験を含まなければならない。

日本の読者へのガイド

　この章の記述のほとんどは第7章以降の実践事例で詳しく具体例とともに解説されている。

日本人にはテーマについてのビッグクエスチョン[*]が道徳の課題と重なるように思うかもしれないが，道徳とは違ってすべての問いがオープンエンドで多様な答えを受け入れるところに注目していただきたい。
　また，ブッククラブの目的が「どのように生きるか」というところにあって，日本人が考えがちなように「文学を楽しむ」ということだけではないことも，道徳的な課題が重視される理由である。
　ブッククラブは「 2 国の言語技術の基準」をすべて包含するように設計されている。これはスペインで開発された「読者へのアニマシオン（『アニマシオン』とは「元気にする」という一般用語であるが，「読者へのアニマシオン」の場合は「読書が好きになるように元気づける指導法」という意味である）」が学校の授業外の活動として開発されたこととまったく対照的である。ブッククラブは，国の基準どころか各州や学区のカリキュラムとも調和するように設計されている。
　つまりブッククラブは，本書で提案している通りに日本で実行するには乗り越えなければならない壁もあるが，今後日本型のブッククラブのやり方を開発していけば，日本の学習指導要領とも調和できる可能性を持っている。

第Ⅱ部　実践編

第7章 『ひとりぼっちの不時着』を題材にした単元

1 文学的なスキルの指導

　ゲイリー・ポールセン（Paulsen, G.）の冒険小説『ひとりぼっちの不時着』はブッククラブの教師や子どもに好まれてきた。このサバイバルについてのテーマは理科のカリキュラムや多くの文学に関連する。

　表7-1にブッククラブの四種のカリキュラムと国の言語技術の基準[*]の相互関係を示した。（　）内の数字は英語言語技術の基準の番号である。

> **単元のテーマ**
>
> 　テーマについてのビッグクエスチョン[*]を壁にはり，単元の中で常に参照する。
> - 困難で生命が脅かされるような状況で生き残るには，人はどんな資質とスキルが必要だろうか。
> - 失敗は，どのようにして重要な学習経験を導くのだろうか。
> - 人が生きるために本当に必要なものは何だろうか。人々がしばしばほしがるが本当は必要でないものは何だろうか。
> - どんな種類の経験が，人々を成長させ，自分自身についての重要な真実を学ぶのに役立つだろうか。
> - 自然に深く注意を払うことで，人々はどんなことを得ることができるだろうか。

第 7 章 『ひとりぼっちの不時着』を題材にした単元

表 7-1 カリキュラム関連表

カリキュラム領域	『ひとりぼっちの不時着』単元の Lesson
理　解	Lesson 1：ブッククラブへの導入（1, 2, 3, 4, 11, 12） Lesson 4：結論を導き出す（3, 6, 11） Lesson 6：要約（3, 4） Lesson 9：語彙——言葉の壁（3） Lesson 10：テクストとテクストの関係（2, 3, 11） Lesson 12：視覚化（3） Lesson 15：語彙——コンセプトウェブ*（3, 11） Lesson 17：シークエンシング*（3, 4） Lesson 18：予測（3, 6） Lesson 19：作者の目的（3, 6） Lesson 20：子どもと教師のインタビュー（複数）——総合（3, 5）
文学的側面	Lesson 2：シェアシート*（3, 6, 11, 12） Lesson 3：レスポンスチョイスシート*（3, 6, 11, 12） Lesson 4：結論を導き出す（3, 6, 11） Lesson 7：自己評価シート（4, 11） Lesson 8：よいシェアシートの特徴（3, 4, 11） Lesson 10：テクストとテクストとの関係（2, 3, 11） Lesson 11：登場人物の変化（成長）（2, 3） Lesson 13：セッティング*（6） Lesson 14：私と本（3） Lesson 16：シェアシートのオプション（3, 4, 6, 11） Lesson 19：作者の目的（3, 6）
作　文	Lesson 1-20：毎日ログを書くこと（3, 5, 6, 12） Lesson 6：要約（3, 4） Lesson 8：よいシェアシートの特徴（3, 4, 11） Lesson 20：子どもと教師のインタビュー（複数）——総合（3, 5）
言葉の技術	Lesson 1：ブッククラブへの導入（1, 2, 3, 4, 11, 12） Lesson 2：シェアシート（3, 6, 11, 12） Lesson 3：レスポンスチョイスシート（3, 6, 11, 12） Lesson 5：よいブッククラブの話し合いの特徴（3, 4, 11, 12） Lesson 7：自己評価シート（4, 11） Lesson 8：よいシェアシートの特徴（3, 4, 11）

2　単元の学習活動

◉第1週　予備知識を築く，調査

- サバイバルについての予備知識をおさらいし，カナダの地理について調べる。

第Ⅱ部 実践編

表7-2 単元「ひとりぼっちの不時着」の学習活動における9週間の概要

第1週 予備知識を築く、調査
- サバイバルについての予備知識をおさらいし、カナダの地理について調べる (1, 7, 8)。
- 子どもたちが、人間の様々な必要なことについて話し合う。
- 一人ひとりの子どもは、一人読みするために単元に関連した本を選ぶ。

第2週 作者の紹介
- 教師が、『犬を憎む』をリードアラウドする*。
- 子どもたちは、ゲイリー・ポールセンの人生と本について調べる (1, 7, 8)。
- 人が生き残るのに役立つ資質とスキルについてクラスで探求する。
- テーマが関連した本のリードアラウドを始める。

第3～6週 ブッククラブレッスンプラン
- 教師が、ブッククラブがどういうものか、どうやってやるのかを説明する。
- 子どもたちは、それぞれのグループのブッククラブで『ひとりぼっちの不時着』を読んで話し合いをする (1, 4, 6, 11)。
- 子どもたちは、グループ・話し合いの材料として自分が書いたリーディングログを毎回読む (3, 4)。
- 子どもたちは、注意深くテクストの読みに基づいて、結論を導き出

したり、予測したり、文学的な要素を分析したりするのと同時に、興味深い言葉を創造する (82ページ参照) (3)。
- 子どもたちは、ほかのサバイバルをテーマにした小説などのテクストと関連づける (2, 3)。
- 視覚化のスキルを練習するために『ひとりぼっちの不時着』の一つのシーンの絵を描く (3)。

第7週 ブライアンにインタビューする
- 子どもたちは、ブライアン (訳注：主人公) が家に帰った場面でテレビジョンインタビューをロールプレイする (4, 5)。

第8週 テクストとテクストの関係
- 子どもたちは、一人読みで読んだ小説などを紹介して『ひとりぼっちの不時着』と比較する (2, 3, 11)。
- 子どもたちは、テクストとテクストの関係を深めるために、クラスで映画の『ひとりぼっちの不時着』を観て、比較・対照する (2, 6)。

第9週 プロセスライティング*――サバイバルの物語
- 子どもたちは、『ひとりぼっちの不時着』のおさらいをして、独創的なサバイバルの物語を書く (4, 5, 12)。

注：9週間の間に毎週これらのことを教える。( ) 内の数字は英語言語技術の基準の番号である*。

第7章　『ひとりぼっちの不時着』を題材にした単元

- 子どもたちが，人間の様々な必要なこととほしいことを話し合う。
- 一人ひとりの子どもは，一人読みするために単元に関連した本を選ぶ。

【進め方】
- サバイバルについての単元をやることを話す。テーマについてのビッグクエスチョンを掲示して単元を通して考えることを話す。
- ブッククラブのグループに分ける。4〜5人が理想的である。
- 『ひとりぼっちの不時着』はある少年が生き残るための知識を使わなければならない物語だと子どもたちに話す。主人公のブライアンは13歳の子どもが持っているサバイバルの知識を使うから現実的である。これからサバイバルについて考えることを話す。
- 模造紙を四分割し，熱帯の島，大都市，カナダの荒野，砂漠とタイトルをつける。
- 小グループで，これらの環境で生き残るには何が必要か考えさせる。基本的な人間の必要なもの（水，食べ物，すみか）と，ヒントを与え，それぞれの場所でどうやって見つけたり，つくり出したりするか考えさせる。
- クラスで，それぞれの場所で最も重要な要素を選ばせる。「ほしいもの」と「必要なもの」の違いを話し合わせる。Think Sheet 1（巻末202ページ）にメモさせる。
- カナダの荒野で生き残るのに何が必要か話し合いをさせる。北カナダの地理について調べさせる。図書館・インターネットなどを使って，天候，動物，植物，地形を調べさせ，クラスで発表させる。
- 子どもたちにサバイバルのテーマに関係した本を選ばせる。選んだ本を一人読みさせ，単元の終わりにレポートを作成させる。同じ小説を選んだ子どもは共同で発表させる。
- 『ひとりぼっちの不時着』のほかのテーマは，主人公の自分に対する意識の発達，離婚の家族への影響である。これらのテーマに関連した本を一人読みすることも薦める。

◉第2週　作者の紹介
- 教師が，『火を熾す』をリードアラウド[*]する。

- 子どもたちは，ゲイリー・ポールセンの人生と本（複数）について調べる。
- 人が生き残るのに役立つ資質とスキルについてクラスで探求する。
- テーマが関連した本のリードアラウドを始める。
- 教師が，短編『火を熾す』をリードアラウドし，その人の生き残るチャンスに影響を与える，その男の行動と決定を見つけるように子どもにたずねる。その後で，その男がどんな失敗をしたか，サバイバルのチャンスを増やすために，もっとどんなことができたかをたずねる。
- Think Sheet 2（巻末202ページ）を使ってゲイリー・ポールセンについて調べさせる。特にゲイリー・ポールセンが自然とアウトドアに興味を持っていたことに注意を払わせ，それが彼の著作にどのように影響を与えたかを考えさせる。
- Think Sheet 3（巻末203ページ）に書かせ，サバイバルにこれらの資質やスキルが，いつ，なぜ，必要かを議論させる。単元の間，Think Sheet 3 を継続して書かせる。
- 教師が『青いイルカの島』か，ほかのテーマに関連した小説のリードアラウドを始める。単元を通して毎日読み続け，子どもたちにリードアラウドの本と『ひとりぼっちの不時着』の本との間の関連性についてログに書かせて話し合いをさせる。
- 子どもたちは，また一人読みのために選んだ本を読み続け，ほかのテーマに関連した本との関連性について考えさせる。

●第3〜6週　ブッククラブレッスンプラン
- 9週全部の単元をやる場合は，このレッスンプランをやる前に第1週，第2週の活動を済ませておく必要がある。

●第7週　ブライアン（主人公）にインタビューする
- ブライアンが家に帰った場面で，子どもたちが彼にインタビューすることを計画していると想像させよう。子どもたち一人ひとりに，テレビのインタビューアーが，ブライアンが荒れ地にいたときのことについてインタビューするための質問をつくらせよう。

第7章 『ひとりぼっちの不時着』を題材にした単元

- ブライアンがテレビショーに出たと想像してテレビインタビューをロールプレイさせよう。数人の子どもたちがインタビューする人になりきって、ブライアンに用意した質問をする。ブライアンになった子どもはブライアンになりきって質問に答える。やってみたいという子どもには必ず一回はどれかの役割をやらせよう。

◉第8週　テクストとテクストの関係*

- テクストとテクストを関連づけることはブッククラブにとって基本であるし、よい読者はそうする習慣がある。一人読みのときに同じ本を読んだ子ども同士でグループを組ませよう。同じ本を読んだグループの子どもたちに、その小説をクラスのほかの子どもたちに紹介させよう。その小説と『ひとりぼっちの不時着』は、テーマ、登場人物、プロット*やほかの要素がどう関連しているかを発表させよう。子どもたちに、その本がうまく書けているかどうかいろいろな観点から批評させ、その本をクラスの仲間に勧められるかどうか決定させよう。
- 『ひとりぼっちの不時着』に基づいた映画をクラスで上映しよう。映画を見る前に、子どもたちに映画を見ることは本を読むこととどう違うかたずねよう。映画を見ながら『ひとりぼっちの不時着』の本と似ているところ、違うところはどこか考えさせよう。
- 映画を見終わってから、ブッククラブのグループで映画と本の似ているところと違うところはどこか話し合わせよう。小説のある部分が映画では変えられているのはなぜか理由を考えさせよう。
- 終わりの話し合いで、ゲイリー・ポールセンが『ひとりぼっちの不時着』を書いた目的を思い出させ、その目的は映画でも達成されたか、小説の方がよいか映画の方がよいかについて話し合わせよう。

◉第9週　プロセスライティング*——サバイバルの物語

- 子どもたちに『ひとりぼっちの不時着』で好きなところと嫌いなところを聞こう。こんな質問をしてもよい。
　——この物語を読んでわくわくした？　どこが一番わくわくした？

——この物語を読んでどんなことを学んだ？
——この物語を読んでほかのサバイバルの物語が読みたくなった？
子どもたちに，自分たち自身のサバイバルの物語を書いてみようと呼びかけよう。

- 今までのサバイバルについての話し合いを思い出させて，一人ひとりに自分がこれからつくるサバイバルの物語のアイディアをブレインストーム*で出させよう。最初にセッティング*を考えさせ，次にそのセッティングの中でサバイバルに登場する人物を考えさせる。もし子どもたちが，本当らしい物語を書きたかったら書く前によく調査をするようにアドバイスしよう。Evaluation Sheet 12（巻末223ページ）を使って子どもたちの書いた物語を評価しよう。Evaluation Sheet 13（巻末224ページ）は子どもたちが自己評価するきっかけになる。
- 希望者に自分の物語を本にさせてみよう。教室に本を展示したり，クラスの作品集をつくったりしよう。子どもたちにイラストを加えさせたり，本の表紙をつくらせよう。まず教室の学級文庫にあるサバイバルの物語の表紙がよいか悪いか批評するところから自分たちの表紙づくりを始めさせよう。
- 単元の終わりに，テーマについてのビッグクエスチョンについてもう一度考えさせよう。新しい考えは出てきただろうか。Evaluation Sheet 9（巻末220ページ）に答えを書かせよう。

第 7 章 『ひとりぼっちの不時着』を題材にした単元

ブッククラブレッスンプラン

『ひとりぼっちの不時着』のあらすじ

　　13歳のブライアンはカナダの荒野に不時着した。彼は一人で持ち物はおのだけ。彼は母親の不倫が原因の両親の離婚に心をいためていた。彼は失敗しながら，身を隠し火をおこし食べ物を見つけることを学んだ。スカンクやオオカミに出会いムースにおそわれた。そうやってサバイバルの知恵を身につけた。竜巻が家を壊し死にそうになった。しかし水没した飛行機が現れた。彼はサバイバルパックを飛行機から見つけた。彼がパックを使って信号を送ったために救助の飛行機が現れた。

　　荒野の54日は終わった。しかしその試練はブライアンを永遠に変えた。

Lesson 1
ブッククラブへの導入

（読書課題：第1章，pp. 1-12.）

（1）目　的
- ブッククラブの用語とやり方について子どもたちに紹介する。
- 子どもたちが予測をするように要求する。

（2）言葉の学習について

　　ベストのアプローチは，読む・書く・話し合う中で自然に語彙学習が起こるようにすることである。例えば，読む前に，初めの話し合いで，ボキャブラリーリスト（訳注：本書では省略した）の言葉を使う。また，子どもたちが読むときに，おもしろいと思ったり見慣れないと思った言葉をログに書かせる。また，あとで，ブッククラブやクラスの話し合いで言葉の意味について話し合いをさせる。Think Sheet 4（巻末203ページ）は，読んでいるときに言葉を記録する様式である。

（3）ライティングの問い*
- パイロットに何が起きてブライアンはどうしたか描写しよう。
- あなたがブライアンだったら，この章の終わりであなたはどのような気持ちになると思う？

73

第Ⅱ部　実践編

- よい読み手は物語を読みながら予測する。物語が展開するとともにこれからブライアンにどんなことが起こると思う？　どうしてそう思った？

（4）進め方

- 初めてのブッククラブなら次のことを説明する。①『ひとりぼっちの不時着』と関連するいくつかの作品を読む，②毎日1章，教室か宿題で読む，③時々教師のリードアラウド*を聞く，④読んだことについてログに意見を書く，⑤ブッククラブで意見を話し合う，⑥クラスの話し合いのとき，意見交換をする。
- 最初の章を教師がリードアラウドし，ライティング*の問いについて意見を書かせる。ログに書かせる前に，教師がクラスで話し合いをさせてもよい。
- ブッククラブの話し合いの間，教師はグループからグループを回り，形式に慣れるように助ける。最初は，毎日すべてのグループに行って助言をする。子どもたちは，書いたログを使って話し合いで意見を言う。しかし，ログを順番に読むのは本当の会話ではないことを教える。よく人の話を聞き，よく考えて発言をするように励ます。
- 終わりの話し合い*では，ブッククラブで話し合ったことを発表し合わせる。そのとき，ブッククラブについてどう思うかたずねる。グループで話し合って何がおもしろかったか。グループで話し合うときに，どんなことが難しいかなどについてたずねる。

（5）9週の単元との関連

　第1週でやった「ほしいもの」と「必要なもの」の違いについての話し合いを思い起こさせる。ブライアンが生き残るためにただちに必要なことは何か，たずねる。

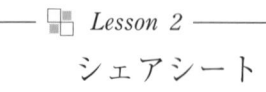

Lesson 2

シェアシート

(読書課題：第2章, pp. 13-25.)

（1）目　的

- 子どもたちに，書くレスポンス*のためのシェアシート*の書き方を教える。

第7章 『ひとりぼっちの不時着』を題材にした単元

ほかのテクストとの関係 この本は，私が読んだ「山のこちらがわ」を思い出させる。この本も男の子が自分の力で生き残る話だった。	予測 いい本だと思う。 ブライアンは，荒地でおのだけを使って生き残らなければならないだろう。また，生きるためにりょうと魚つりをするだろう。
好きなところ 私が好きなところはパイロットが死んだところだ。それはほんとうにひどい。私が好きな理由は，ハラハラするし，アクションがあるからだ。	グループへのしつもん 死んだパイロットをブライアンはどうすると思う？ ブライアンはそれをしようとすると思う？ 死んだ男のそばにすわっているのはこわくない？

中央に: 第1章 1月10日

図7-1　教師が書くシェアシートのモデル

(2) ライティングの問い
- ブライアンは飛行機を着陸させることについて決定しなければならない。彼はどうすると思う？　なぜ？
- この章のブライアンについてどんなことを学んだ？　あなたが観察したことの根拠を物語の中からあげなさい。

(3) 進め方
- このレッスンは子どもたちがブッククラブに慣れて様々なレスポンスのタイプを快適に使える段階を想定している。
- 子どもたちがシェアシートを使えない段階だったら，予測したり意見を支える証拠をあげることに焦点を合わせる。
- Think Sheet 5（巻末204ページ）を紹介する。
- 毎日，3〜4の項目をログに書いているので，もっとよいレスポンスのしかたをシェアシートで学ぶ。
- シェアシートは白紙に子どもが書きたいように書く。
- 名前，日付，読書課題のページを書き，残りをセクションかスポーク（車輪の軸）で分割する。

- それぞれのセクションに1種類のレスポンスを書く。この利点は1ページに様々なレスポンスが書けることである。またブッククラブの話し合いのときにページを繰らないで使える。
- 黒板かチャートにシェアシートのモデルを教師が書く（図7-1）。
- Think Sheet 5 からレスポンスのタイプを選び，今日のライティングの問いから一〜二つをシェアシートに書く。

Lesson 3
レスポンスチョイスシート*

（読書課題：第3章, pp. 26-30.）

（1）目　的
- レスポンスのしかたを選ぶシートで多様なログへの書き方を創造させる。

（2）ライティングの問い
- 飛行機が墜落した様子を描写しなさい。
- 飛行機が墜落したときブライアンはどんな気持ちになっただろうか。
- あなたの人生の中で同じような気持ちになったときを描写しなさい。

（3）進め方
- レスポンスを選ぶシートとして Think Sheet 5（巻末204ページ）などを体験していることを前提にしている。
- 子どもが慣れないうちは，Think Sheet 5 の一種類のレスポンスに絞って教える。例えば，「予測」に絞って「飛行機が墜落した後にどんなことが起こるか」を予測させる。「感情」についてのレスポンスは，二つ目の問いでやる。
- 子どもは Think Sheet 5 のようなものがないと一種類のレスポンスに偏りがちだ。
- 子どもが慣れたらさらに新しいレスポンスを加えたシートを与える。
- 終わりの話し合いで希望する子どもがいれば，子どもにログに書いたことを発表させる。

第7章 『ひとりぼっちの不時着』を題材にした単元

Lesson 4
結論を導き出す

(読書課題：第4章，pp. 31-42.)

（1）目　的
- テクストの細部を使って，物語についての結論を導き出す。
- 作家が生き生きとした言葉を使って描写を創造していることを探求する。

（2）ライティングの問い
- ブライアンは両親の離婚でどのような影響を受けただろうか。どんなことによってあなたはそう考えた？
- 湖と森を描写するのに，作者はどんな言葉や表現を使っているだろうか。それらの言葉は，どんなイメージや絵をあなたの心につくり出した？

（3）進め方
- 子どもが第4章を全部読み，ログに書き，ブッククラブの話し合いが終わった後でこのレッスンをやる。
- 教師が第4章の最初の節をリードアラウドして思い出させ，子どもたちに，母親のことを含むブライアンの記憶から，これがどんな意味を持つのか結論を導き出させる。クラス全体でブレインストーム*して，作者がどんなことを表現しようとしているのかの可能性をあげさせ，子どもたちの提案を黒板に書く。
- この章の作者の変化の激しい文体について話し合いをし，「なぜ作家がこの文体を選んだか」について結論を導き出すように，子どもたちを助ける。次のような質問で子どもたちを導く。
  ——ブライアンがステーションワゴンの中に母親がいるのを見たとき，どんな感情が起こったと思う？
  ——くるくると変わる文体はどんな気分をつくり出すだろうか。この文章を聞いたり自分で読んだりしたときどんな感情が起こるだろうか。
  ——ブライアンがその日見たことについての結論を導き出すのに，その文体がつくり出す気分はどう影響するだろうか。
  ——ブライアンの記憶についての描写は本当らしいか。例えば，あなたは，

第Ⅱ部　実践編

時計にあらわれている時間だとか，あなたの前で回っている自転車のタイヤについての生き生きとした細かいことについて何か記憶があるか。
——最初のライティングの問い「ブライアンは両親の離婚でどのような影響を受けただろうか。どんなことによってあなたはそう考えたか」に答えるのに，どんな結論を導き出す必要があるのか子どもたちに説明させる。
——『失われた湖』という絵本をリードアラウドしてレッスンを終わる。この本と『ひとりぼっちの不時着』にどのような関係があるかについて子どもたちに考えさせる。例えば，この本の作者はどのように湖を描写しているか。『ひとりぼっちの不時着』の作者の描写と比べさせる。この本に出てくる主人公ルークが，自然に迫る体験をしたことは，ブライアンの体験とどこが違い，どこが似ているか。

Lesson 5
よいブッククラブの話し合いの特徴

(読書課題：第5章, pp. 43-55.)

(1) 目　的
- 小グループの話し合いにとってよい行動とよくない行動について，子どもたちに考えさせる。
- ブッククラブに子どもたちが参加するときのいくつかの目標を決めさせる。

(2) ライティングの問い
- ブライアンはどんなけがをしたか詳しく説明しなさい。そのけがでブライアンにどんなことが起こったか。
- ブライアンはすぐに助けが来ると思った。あなたはブライアンの考えに賛成？　どうして？
- 第5章の終わりで，森の中のいろいろなものがブライアンを見ているような気がしたとき，彼は首にかかった髪が逆立ったように思った。あなたもそんなことがあった？　それはいつどんなとき？

第7章 『ひとりぼっちの不時着』を題材にした単元

表7-3　よいグループ，よくないグループの特徴

よいグループの特徴	よくないグループの特徴
・みんなが発言する ・一つのことをきちんと話す（脱線しない） ・おたがいをたいせつにする（いじめたり，いばったりしない） ・みんながたくさんしつもんする ・ほかの人の意見にたいして言葉をかえす ・ちょうどよい大きさの声で話す	・一人か二人しか話さない ・すぐにほかの話題にうつる ・おたがいをたいせつにしない ・だれもしつもんしない ・みんながほかの人の意見をむしする ・うるさい声で話す

（3）進め方
- 黒板か模造紙に「よいグループの特徴」「よくないグループの特徴」と書いてブレインストーミングさせる（表7-3）。
- Evaluation Sheet 4（巻末215ページ）を配り，ブッククラブの目標を立てさせる。または，ログについて「もっとよくしたいこと」を三つ書く，またログについて「三つの目標」を書く。
- チャート*に書いた「よい態度」と「悪い態度」をロールプレイさせる。次にクラスでロールプレイを批評してどうしたらよくなるか提案させる。

Lesson 6

要　約

（読書課題：第6章，pp. 56-66.）

（1）目　的
- 要約のストラテジー*をおさらいする。
- 子どもたちが物語をどのくらい理解しているかチェックする。

（2）ライティングの問い
- この章でブライアンにどんなことが起きたか要約しなさい。
- 蚊がブライアンを今，2回襲った。この問題を解決するのにあなたはブライアンにどんな提案をする？

（3）進め方
- 要約は理解しているかどうかをチェックするのに有効なストラテジーであ

第Ⅱ部　実践編

ることを説明する。
- 要約はつまるところ，もっとも重要な部分だけを抜き出し，細部は入れない形のものだということを話す。
- 第6章を読んで，ログにライティングの問いの答えを書いた後で，ブッククラブのグループで，この章の中の5つのもっとも重要なできごとについて，話し合って選ばせて書かせる。
- クラスの話し合いで，クラス全体で，この物語のもっとも重要な5つのできごとを決定させる。大きなできごととその中の小さなできごとを区別させる。子どもたちが選んだ5つの大きなできごとを板書してその下に教師が細かいできごとを板書してもよい。
- 要約がなぜ大切か，どんなとき役立つか話し合いをする。
- 第6章の要約を教師が声に出しながらまとめてみてモデルを見せる。
- クラスの話し合いの終わりに，子どもたちに今日のログにどんなことを書いたか発表させる。今日のブッククラブは要約に集中したので，そのほかの第6章についての子どもたちの疑問点を出させ，話し合いをさせる。

（4）9週の単元との関連

　第1週でのカナダの荒野についての調査をし，そこで生き残るにはどんなことが必要だったか思い出させる。それから，『ひとりぼっちの不時着』の物語のセッティングとできごとは第1週で調査したことと合っているか，話し合いさせる。物語から何か調査したことより新しいことがわかったか考えさせる。

― Lesson 7 ―
自己評価シート

（読書課題：第7章，pp. 67-78.）

（1）目　的
- ブッククラブでのふるまいを評価する自己評価シートの使い方を学び，どうしたらよくなるか目標を立てる。

（2）ライティングの問い
- 熊と出会ったことでブライアンはどんなことを学んだか。

第7章 『ひとりぼっちの不時着』を題材にした単元

- あなたが，ブライアンの出会った熊だと想像しなさい。熊の視点に立って，ブライアンとの出会いを描写しなさい。

（3）指導のヒント
- 自己評価シートで教師と子どもの対話を活性化させる。
- シートが完成したら激励の言葉や文章を教師が書く。
- ブッククラブのディスカッションに参加するとき，なぜ自己評価が必要か子どもたちにたずねる。目標を決めておくと，どこまで進歩したかがわかる，と説明しよう。そして時々立ち止まって「私が立てた目標ができただろうか」と自己評価させよう。
- Lesson 5 の「ブッククラブのよい特徴，よくない特徴」を思い出させる。

（4）Evaluation Sheet 6 の紹介
 Evaluation Sheet 6（巻末217ページ）を使うときに次のようなルールをつくるとよい。
- ブッククラブの話し合いが終わった直後に Evaluation Sheet を書かせる。
- 「よいグループの特徴」のクラスチャート*を壁にはっておく。
- 正直に書く。
    ——読んで，ログに書いて，ブッククラブで話し合ったあとで，自己評価シートについて説明し，数分で書かせ，集める。
    ——終わりの話し合いのときに，今日のブッククラブでどんなことを話し合ったか，「よいグループの特徴」に合っていたかどうか話し合う。

Lesson 8 ─────

よいシェアシートの特徴

（読書課題：第8章, pp. 79-86.）

（1）目　的
- よいシェアシートの例について話し合う。
- 子どもたちが物語との個人的なかかわりを見つけるのを助ける。

（2）ライティングの問い
- 「自分自身のために悲しむことはよくない」というブライアンの考えに賛

第Ⅱ部　実践編

成？
- 洞穴の中にブライアンが座って泣いたことはよくないと思う？　どうして？
- この章で，ブライアンは問題を解決するヒントになる夢を見た。あなたは今までに，見た夢が何かのヒントになったことはある？

（3）進め方
- 今までに子どもが書いたよいシェアシートをオーバーヘッドプロジェクター（OHP）で見せてどこがよいか説明する。様々なタイプのシェアシートを見せていろいろなやり方で書いてよいことを教える。
- 毎日ログに書くルールを決めるとよい。例えば，毎日3種類の違ったレスポンスのタイプをシェアシートに書くことを決める。
- どんなことをログに書いてどんなことを話し合うか決めるために Think Sheet 5（巻末204ページ）を使わせよう。

（4）私と本

　子どもたちに教えるレスポンスの一つに「私と本」がある。よい読者は，本をよく理解するために，本と自分自身の生活の関係について考えることを説明する。

　本を読みながら「本の中のできごとは，あなたの人生のできごとや体験したことを思い出させるか」と聞く。それから，ログに，本当に子どもたちの人生でおきたできごとについて書かせ，「そのできごとが本の中のできごととどう似ているか」を書かせる。

Lesson 9
語彙——言葉の壁

(読書課題：第9章, pp. 87-93.)

（1）目　的
- 小説のための「言葉の壁（訳注：模造紙を教室の壁にはって，興味を持った言葉やわからない言葉を書き加え，単元が終わるまで掲示しておくもののこと）」をつくり，おもしろい言葉を見つけさせる。
- ブライアンが火をおこすことを学んだ後で，ブライアンの人生がどのよう

第7章 『ひとりぼっちの不時着』を題材にした単元

に変わったか評価させる。

（2）ライティングの問い
- ブライアンが火をおこせるようになってからブライアンの人生はどのように変わっただろうか。どうしてそう思った？
- 言葉のリストに入れるために，今日読んだところからおもしろい言葉を選ぼう。
- ブライアンが火をおこすのに成功するまでに長い時間はたらいた。あなたが今までの人生で，一生懸命がんばったことについて書こう。それが成功したときにどんな気持ちがした？

（3）進め方
- 言葉の壁は，単元を通して書き加えていく。言葉の壁はクラス全体で言葉や表現や定義などを，ブッククラブで読んでいる主な本や関連する本から抜き出して記録する。いろいろな形式があるが，二つのルールがある。
  ① 単元の間ずっと見えるところにはっておく。
  ② 簡単に記入でき，使いやすいこと。大きな模造紙で壁や黒板やホワイトボードにはる。
- 題名と作家の名前を模造紙に書くか黒板の一部に書こう。これが『ひとりぼっちの不時着』のための子どもたちの言葉の壁のスペースである。
- 子どもたちが Think Sheet 4（巻末203ページ）のような言葉のシートを使っていたら，どんな言葉を書いたかクラスで発表させよう。その言葉をクラスの言葉の壁に書き写そう。その言葉の意味について話し合い，文章の中の手がかりや，だれか意味がわかっている子どもの意見や，辞書を使って意味をはっきりさせよう。それから，わかった意味を言葉の壁に書き加える。
- この物語を読んでいる間，興味深い言葉が見つかったら言葉の壁に加え続けるので，読んでいて言葉の壁に書いた言葉がまた出てきたら，言葉の壁を見て意味を確認するように子どもたちに話そう。
- 自分たちの人生でブライアンと同じようにがんばったことを思い出させることは，ブライアンと物語をより完璧に理解することにつながるかどうかを子どもたちにたずねる。

第Ⅱ部　実践編

Lesson 10
テクストとテクストの関係

(読書課題：第10章, pp. 94-102.)

（1）目　的
- どうやったらテクストとテクストの関係を考えられるか教師がモデル*を見せる。
- 主な登場人物たちの火についての感情を分析する。

（2）ライティングの問い
- あなたが知っているほかのサバイバルの物語と『ひとりぼっちの不時着』の違うところと同じところは何だろうか。
- 第10章の初めで，作者は「火はブライアンにとってとても大切なので手放すことができない」と書いている。ブライアンの視点に立って，火があなたにとってどんな意味を持つか，詩か日記を書こう。
- 第10章の終わりで，「ブライアンは，捜索隊がもうすぐ見つけてくれるという希望を持ち続けなければならない」と書いている。あなたの人生の中で「何かが起こったらいい」と希望を持ったことはある？　その希望はかなった？　その体験からあなたはどんなことを学んだ？

（3）進め方
- テクストとテクストの関係とは，二つ以上のテクストを比べて，似ているところと違うところを見つけることである。子どもたちが今までに読んだほかのテクストと今読んでいるテクストを関連づけると物語の理解が深まる。そうすると大きなテーマ*もつかめるようになる。
- 今読んでいる『ひとりぼっちの不時着』と，子どもたちが読み慣れていてテーマが関連しているほかのテクストとの関連づけのモデルを見せる。関連づける視点の焦点は，セッティング，登場人物の性格描写，テーマ，プロット，問題である。
- 映画やテレビ番組と『ひとりぼっちの不時着』を比較させてもよい。
- 比較するときにベン図*で似ているところと違うところを描くとよい。ほかに似ているところと違うところを図示する方法も考えてみよう。

第 7 章　『ひとりぼっちの不時着』を題材にした単元

Lesson 11
登場人物の変化

（読書課題：第11章，pp. 103-109.）

（1）目　的
- 時の流れとともに登場人物がどのように変化するかを，作者がどのように描いているかを分析する。

（2）ライティングの問い
- ブライアンはどのように変わっていくだろうか。
- この章で，ブライアンは荒野でひとりぼっちのつらさからのがれるには，日々の仕事を一生懸命やるのが一番よいことに気づいた。あなたがいやな気分になったとき，いつもどうやって気持ちを切り替えている？

（3）進め方
- 子どもたちにたずねよう。登場人物たちが物語の初めから終わりまで変わらないのと登場人物たちが時間が経つとともに変わるのとどちらがおもしろいか。どんな登場人物が本当らしいか。作家は登場人物たちが変化して成長する様子を表現する方法を知っていて，よい読者は人物の変化を読み取ることを説明しよう。
- 子どもたちに二年前とどう違っているか，今から二年後にどう変わるか考えさせよう。体の変化と心の変化があることに気づかせよう。図7-2のチャート*は登場人物が時とともにどのように変わったかをたどるためのものだと子どもたちに話そう。初めには，導入部分からブライアンの心を表す語句や引用句を入れる。最初の重なりには，ブライアンの人生観が変わったできごとを書く。中には，できごとの後のブライアンの様子を書く。この図は，一人ひとりに書かせてもペアでもグループでもクラスの話し合いで書かせてもよい。
- チャートを紹介したあと，読書課題を読み，ログを書き，ブッククラブの話し合いをする。最初の「ライティングの問い」の答えをシェアシート*の中に書かせよう。ブッククラブの話し合いの後で，終わりの話し合いでは登場人物の成長について話を絞り，ゲイリー・ポールセンがブライアンの

第Ⅱ部　実践編

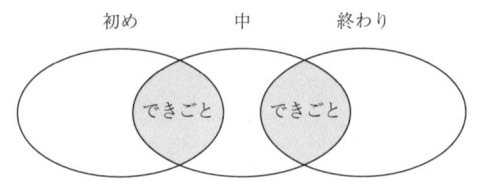

図7-2　登場人物の変化を示すチャート

変化をどのように描いたかについて話し合おう。子どもたちが，ブライアンの変化を表すチャートを書き終わったら発表させて，ほかの子どもたちのチャートと比較させよう。ブライアンの変化について子どもたちがどんなとらえ方をしているか比べてみよう。

── Lesson 12 ──
視覚化

（読書課題：第12章，pp. 110-118.）

（1）目　的
- 視覚化について説明し，このストラテジーを練習する。
- ブライアンの感情を分析して強調することを手伝う。

（2）ライティングの問い
- この章の終わりでブライアンはどのような気持ちになっていると思う？どうしてそんな気持ちになっているのだろうか。
- 第12章の中で，一つの場面を選んで絵に描きなさい。

（3）進め方
- 視覚化はすべての読者にとって重要なスキルである。視覚化とはテクストに描かれたことの心の絵を描くことだと説明する。読者は，物語のセッティング，人物たち，できごとを視覚化しようとすべきだ。視覚化は読書の楽しみを増やすだけでなく理解度のチェックにもなると指摘しよう。もし子どもたちがある場面を視覚化できなければ心の中ではっきり絵が描けるまで繰り返し読むべきである。
- 子どもたちが第12章の黙読を始める前に，ブライアンがやりを使って漁を

第7章 『ひとりぼっちの不時着』を題材にした単元

する場面を教師が音読し，もう一度音読して子どもたちにその場面を解釈させて絵に描かせよう。
- 子どもたちの絵を見て似ているところと違うところを話し合わせる。
- 違うのがよいのだと強調する。この違いはそれぞれの読者が異なった予備知識*を持って物語を読んでいるからである。違う絵を描いたことはブッククラブの話し合いでどのような意見の違いに反映されただろうか。絵は教室にはり出そう。
- 第12章の残りを読む間，視覚化を続けて絵を描かせよう。終わりの話し合いで子どもたちがリーディングログ*にどんな絵を描いたか発表させよう。

Lesson 13
セッティング

(読書課題：第13章, pp. 119-127.)

（1）目　的
- 物語のセッティング*に焦点を合わせ，それが物語の発展に大きな影響があることを理解させる。

（2）ライティングの問い
- この章のセッティングについて話し合う。
- 時の経過がわかるように，作者はどんな手がかりになることを書いているだろうか。
- ブライアンの希望はどのように変わっただろうか。

（3）進め方
- この章で，ブライアンは自然のすばらしさに間近で接し，驚嘆した。あなたが自然の美しさに驚いた体験について詳しく書きなさい。そのとき，どんな気持ちになった？
- セッティングとは，物語が起こったときと場所のことだと子どもたちに説明する。物語のできごとはセッティングと非常に関連している。例えば，家族が荷馬車でアメリカを縦断するような話は，21世紀にはあり得ない。子どもたちに『ひとりぼっちの不時着』のセッティングについて話し合わ

- せ，それができごとにどう関係したか話し合わせる。ほかの時間と場所だったら，物語はどう違ったか考えさせよう。
- 第13章ではセッティングの何かが変わることに気づかせよう。今日はその変化に焦点を合わせてレスポンスさせよう。
- 子どもたちが，黙読してログに書いてブッククラブで話し合いをした後で，クラスの話し合いを行い，第13章ではどんな変化が起こったか話し合わせよう。なぜゲイリー・ポールセンは，ブライアンの毎日の生活を今までと同じように書かなかったのか考えさせよう。
- ここで，子どもたちにブッククラブの自己評価シートを見直させて，自分たちが考えた目標がどの程度達成できたかを考えさせよう。

Lesson 14
私と本

（読書課題：第14章，pp. 128-136.）

（1）目　的
「私と本」というレスポンス*のタイプをおさらいする。

（2）ライティングの問い
- ブライアンは失敗をたくさんしている。ブライアンは失敗からどんなことを学んだだろうか。あなたが失敗から学んだ大切なことを詳しく書きなさい。
- 章の終わりで，ブライアンは行動する前によく考えることの大切さに気がついた。あなたは行動する前によく考えたことがある？　あなたの人生で，行動する前によく考えたためにうまくいったことがある？

（3）進め方
- この章を読む前に，「私と本」というレスポンスのタイプをおさらいさせよう。これは本の中のできごとが子どもたちの人生で起きたできごとを思い出させることについてリーディングログに書くということである。第14章の中で，子どもたちの人生と関係のあるできごとを見つけさせよう。
- いつもの黙読と変えて，今日は二人でペアになって，今日の読書課題を交

替で読もう。
- 終わりの話し合い*で，自分たちの人生と本を結びつけると，本はもっともっと意義深いものになることを子どもたちにわからせよう。特に子どもたちに，自分たちが失敗してそのことから学んだ体験について語り合わせよう。「体験は最高の教師だ」ということわざを説明し，それをブライアンや子どもたち自身の失敗と関係があると言おう。それから子どもたちに「このことわざは本当だと思う？」「どうしてそう思う？」とたずねよう。
- 話し合いを発展させるために，ブライアンが遭難する前に持っていた「あいまいで部分的な」知識と，遭難してからのサバイバルの体験で得た「明確で生きることに直接関係がある」知識の似ているところと違うところを比較させよう。子どもたちに，本を読んで，ブライアンのように荒れ野でどうやって生き残ったらよいかよくわかったか聞いてみよう。

Lesson 15
語彙──コンセプトウェブ*

(読書課題：第15章, pp. 137-146.)

（1）目　的
- 新しい概念や言葉を学ぶための視覚的なストラテジーを与える。
- 小説から学んだことを現実の世界に移行する。

（2）ライティングの問い
- ブライアンはフールバーズという鳥をつかまえるために，違う見方をすることを学んだ。あなたが，困ったことを解決するのに「違う見方」をしてうまくいったことはある？　詳しく説明しなさい。
- 「がまんだ」「待って考えて正しい方法でやる」とブライアンは考えた。でも，がまんすることがなかなかできない人もいる。なぜだと思う？

（3）進め方
- 『ひとりぼっちの不時着』を読んでいる間に多くの新しい言葉を習っている。語彙の Think Sheet と言葉の壁は新しい言葉を増やす二つの道具だ。コンセプトウェブは言葉の意味をもっと完全に理解し，物語もよりよく理

- コンセプトウェブの書き方は，例えば模造紙の真ん中に「スカンク」と書く。子どもたちにスカンクについてブレインストーム*させる。クラスのほかの子どもたちと違う意見には「？」をつける。子どもたちに，今までの章でスカンクについて書いてあったことや子どもたちのスカンクについての予備知識をたずねる。
- このほか本の中に出てきた興味深い言葉について同じようなコンセプトウェブを描かせる。リーディングログにもコンセプトウェブを書かせる。
- 終わりの話し合いで，第15章を読んだ後で子どもたちがリーディングログに描いたコンセプトウェブを発表させる。コンセプトウェブをつくると既に知っている言葉について理解が深まることを話そう。例えば，「がまん」とか「肉」についてコンセプトウェブを描かせよう。第15章でこれらの言葉が使われている特別な意味に基づいて連想する言葉をあげてウェブをつくらせよう。

Lesson 16
シェアシートのオプション

(読書課題：第16章, pp. 147-160.)

（1）目　的
- シェアシート*のいろいろな可能性を知るのを助ける。
- 文章をよく読んで登場人物を分析する。
- 重要なできごとが，物語の展開にどのように影響するかを予測させる。

（2）ライティングの問い
- 竜巻が襲ったときのブライアンがしたことを読んで，ブライアンが初めて湖に来たときとどのように変わったと思う？
- ブライアンが飛行機の尾翼を見つけた後，ブライアンの人生がどう変わるか予測しなさい。

（3）進め方
- シェアシートに書くすべての違ったタイプのレスポンスについて，子ども

第7章 『ひとりぼっちの不時着』を題材にした単元

たちにブレインストームさせよう。模造紙にすべてのタイプのレスポンスを書く。Think Sheet 5 （巻末204ページ），Think Sheet 11 （巻末208ページ）の「私のリーディングログでどんなことができるか」を参考にする。
- 自分でリーディングログに書く新しいレスポンスを工夫した子どもは，なぜそれを考えたか，ブッククラブの話し合いで役に立つかなどをクラスメイトに話す。クラスにレスポンスチョイスシートをはっておき，新しいレスポンスのサンプルもはっておくとよい。
- リーディングログに子どもたちがレスポンスをどんどん書けるように励まそう。例えば，シェアシートに毎日四つのレスポンスタイプを書くように指示したり，なるべく詳しく質の高いレスポンスをログに書くように言おう。ある日に，どのレスポンスを書くかは決まっていない。テクストと子どもたちの意志で毎日レスポンスのタイプを決定する。
- 終わりの話し合いでは，この単元のテーマについてのビッグクエスチョン*を思い出させる。『ひとりぼっちの不時着』を読んでわかったこと，関連する本を一人読みしてわかったこと，教師のリードアラウドでわかったこと，ブッククラブの話し合いでわかったことなどを発表し合わせよう。

Lesson 17

シークエンシング

（読書課題：第17章，pp. 161-172.）

（1）目 的
- 物語を理解できたかどうかをチェックするためのストラテジー*として子どもたちがシークエンシング*を使うことを助ける。

（2）ライティングの問い
- もしあなたがブライアンだったらサバイバルパックを飛行機から引き上げようとするだろうか。どうして？ もしそう思うなら，どうやってやる？ それをやることの利益と不利益をあなたはどうやって比べる？
- 話し合ったやり方で，物語のできごとのシークエンスをつくろう。
- あなたが困ったことを解決するために計画を立てたときのことを詳しく書

91

第Ⅱ部　実践編

こう。やり始めてから，計画を立て直したことがある？
（3）進め方
- シークエンシングはログに書くレスポンスのタイプである。
- 今リードアラウドしている本について，子どもたちが，重要なできごとと細部が区別できるように助けながら，重要なできごとのリストをシークエンシングにしよう。
- シークエンシングをつくることがなぜ大切なのか子どもたちと話し合おう。シークエンシングは，物語を理解したり，自分たちで物語をつくったり，再話*したり物語について話し合ったりするのに役立つということがわかるように誘導しよう。
- 子どもたちにできごとのシークエンスを視覚的に表すいくつかの方法を工夫させる。子どもたちが知らなかったらフローチャートやシークエンスチャート*などを教える。
- 今日のレスポンスログに各自が物語のできごとのシークエンスを書いてシークエンシングの練習をする。

Lesson 18
予　測

（読書課題：第18章，pp. 173-183.）

（1）目　的
- 子どもたちに物語の結末を予測させる。
- ブライアンのサバイバルの物語について子どもたちがどんなことを学んだか話し合う。
- ブライアンの視点に立って，子どもたちにリーディングログを書かせる。

（2）ライティングの問い
- 物語の結末を予測しなさい。どんなことに基づいてあなたは予測した？
- ブライアンになったつもりで日記を書こう。ブライアンが手おのを落としたとき，飛行機の中にパイロットを見つけたとき，最後に浜辺まで這い上がったとき，どんな気持ちがしたか書こう。物語の詳しい話を入れよう。

（3）進め方
- よい予測はテキストに書いてあることに基づいていることを強調する。子どもたちは今までに読んだことの中に書いてある手がかりと自分の予備知識に基づいてこれからどんなことが起きるか予測する。
- 理にかなった予測と理にかなわない予測の例を子どもたちに示す。
  【根拠のある予測】サバイバルパックに入っていた何かを使ってブライアンは家に帰れるだろう（ブライアンはサバイバルパックを引き上げようとしていた。パックには非常用の食料が入っているから根拠があり，理にかなっている）。
  【根拠のない予測】ドラゴンが湖にやってきてブライアンを家まで乗せていってくれる（この話は現実的なフィクションでファンタジーではないから根拠がなく，理にかなっていない）。
- 子どもたちが黙読をして，ログに書いて，ブッククラブの話し合いをやった後にクラスでこの話の結末について話し合おう。ブッククラブのグループでどんな話し合いがあったか発表させよう。クラス全体で，一番なりそうな結末を予測してみよう。
- ブライアンがサバイバルパックの中でどんなものを発見するか予測させてみよう。それからブライアンの冒険物語から学んだことをもとにして，子どもたち自身のサバイバルパックをプランさせてみよう。それからみんなで話し合って，生き残るために必要なものが欠けていないかどうか話し合ってみよう。

Lesson 19
作者の目的

(読書課題：第19章とエピローグ，pp. 184-195.)

（1）目 的
- この物語を書いた作者の目的について話し合いをする。
- 物語の構造を理解することによって，どうやって物語の結末を予測できるかを子どもたちに示す。

（2）ライティングの問い

第Ⅱ部　実践編

- 本には,「ブライアンがサバイバルパックを見つけたとき,ジェットコースターで急に上がったり下がったりするような気分になった」と書いてある。どういう意味だと思う？　どうしてブライアンはそんな気持ちになったのだろうか。
- 物語の終わり方についてのあなたの予測はあたった？　物語の終わり方で驚いたことはある？
- この体験によって,ブライアンの人生は大きく変わった。どうしてだと思う？
- この物語のエピローグを読んで,作者はどんな目的でこの本を書いたと思う？

(3) 進め方

- 作者には必ず物語を書く目的があるのだということを子どもたちに理解させる。作者は物語を書いた目的をどうやって読者に理解させようとしているか子どもたちに考えさせよう。エピローグ,後書き,前書き,作者のノート,主なテーマなどについて子どもたちが指摘するかもしれない。
- 物語の中心となるコンフリクト*がわかると物語がどうなるか予測できることを教える。コンフリクトはすべての物語の構造の一部である。読者は,物語がコンフリクトや問題を提示し,物語の結末でそれが解決されることを知る。読者は物語の中の手がかりを頼りにコンフリクトがどのように解決されるか予測できる。ブライアンはどんな争いや問題に直面したか子どもにたずねよう。物語は,ブライアンの自然とのコンフリクト（訳注：闘い）と彼自身とのコンフリクト（訳注：心の闘い,葛藤）で書かれている。
- 昨日のレッスンで,どんな終わり方になるか話し合ったことを発表させよう。次のように教師が質問して話し合いを導こう。
    ——今,私たちは物語のどんなところを読んでいるのだろう？
    ——「コンフリクトと解決」という物語の構造についてどんなことを知っている？　その構造がわかると結末を予測できる。
    ——結末がどうなるかについて,作者はどんな手がかりを私たちに与えている？
- どんな終わり方をするか,ブレインストーム*していくつかの可能性をあげ

てみよう。みんなで出した終わり方についてお互いに批判し合ってどの終わり方が一番よいか話し合おう。読み終わってから予測した終わり方が合っていたかどうか振り返ろう。
- 終わりの話し合いで，作者の目的についてクラスの話し合いをする。作者は普通一つ以上の書く目的を持っており，作者の目的は単純明快に表現できないのが普通だということをわからせよう。読者はそれぞれ異なった人生体験をし異なった知識を持っているから，一人ひとり異なった「作者の目的」をとらえる。作者が意図していなかった目的を読者が考えることもあり得る。この機会に，一人ひとり違った読み方をすることの大切さを強調するとよい。

Lesson 20
子どもと教師のインタビュー──総合
(Lesson 20 は読書課題，ライティングの問いはない)

（1）目　的
- 子どもたちと，『ひとりぼっちの不時着』の単元のブッククラブでどんなことがうまくいき，どんなことがうまくいかなかったかを話し合う。
- この物語に表れたいろいろな考え方を総合させ，それらがテーマについてのビッグクエスチョン*に関連しているかどうかを考えさせる。
- 総合して書かせる学習で，子どもたちがどの程度この本を理解したかを評価する。

（2）進め方
- 子どもたちと個別に会って，この単元のブッククラブの部分について報告させる。話し合うときに，Evaluation Sheet 4（巻末215ページ），Evaluation Sheet 6（巻末217ページ），Evaluation Sheet 16（巻末226ページ）を使う。子どもたちに「この本からどんなことを学んだか」「この単元の自分の学習をどう評価するか」考えさせる。
- 子どもたちに下の問いから一つ選ばせ，短い総合（訳注：単元全体で学んだことを総合する意味である）エッセイ*を書かせる。

第Ⅱ部　実践編

　　——人が生き残るにはどんなことが必要だろうか。
　　——人が質の高い人生を送るにはどんなことが必要だろうか。
　　——小説の最初の場面のブライアンのような状況にいる人に，あなたはどんなアドバイスをする？
　　——荒野で生き残るために，あなたはどんな戦略を提案する？
・本全体を通して，作家の技術を批評しなさい。二つのリストをつくりなさい。一つのリストには，小説と登場人物たちを豊かにしていると感じる作家の技術，もう一つのリストには，不必要で混乱させ，なんらかの点で失敗しているとあなたが感じる作家の技術を書きなさい。どうしてそう思ったか書きなさい。
・失敗やミスをしたことによって学ぶことや後で成功することがあるのはどうしてだろうか。あなたの意見の根拠を『ひとりぼっちの不時着』の中の具体例やあなたの体験したことからあげなさい。
・この「書いて総合する学習」を利用して，子どもたちの「本の中の考え方を総合し」「調査し」「クラスで話し合う」能力を評価しなさい。

---　日本の読者へのガイド　---

　『ひとりぼっちの不時着』は，少年が不時着をしてひとりぼっちで生き抜くというサバイバルをテーマにした物語である。アメリカにはサバイバルをテーマにした物語が多い。なぜなら多民族のるつぼのような国で人に頼らずに生き残る自立心が強く要求されるからだろう。だから単元全体を通して一人で生き抜く力を育てるというテーマが追求される。アメリカ人は文学を読む目的は生きることについて考えることにあると考える。目的は道徳心を教えることではなく自分で考えさせることにあるところが，日本の道徳とは違う。
　この単元全体では次のような本を次のような時間で読ませる。学年は指定していないが小学校4年生から6年生が適当だと考える。
① 　一日15～20ページずつ『ひとりぼっちの不時着』を学校で黙読させる。可能な場合は自宅で予読させる（約20分）。
② 　テーマの関連した数冊の本を教師がクラス全員にリードアラウドする。
③ 　テーマの関連した本を一人で読む。毎日黙読する時間を約20分と設定する。
　学校の事情によってやり方は異なるが，だいたい前述の方法で，9週間に数冊の関連する本を読ませ，テーマについてのビッグクエスチョンについて考えさ

せる。前述のように，最も理想的な場合は，毎日60分以上をブッククラブのために使っている。日本で同じことはできないので，教科書の単元を短時間で終えて指導時間の余裕をつくることを提案する。例えば「注文の多い料理店」だったらブッククラブのやり方で4時間程度で終える。

④　宮澤賢治の関連する作品を次のような時間で読む。『蛙のゴム靴』（2時間），『オツベルと象』（3時間），『『雨ニモ負ケズ』と宮澤賢治の生き方について」（1時間），まとめ（1時間）。これらの作品はすべて人間の欲望について書かれているので，次のような「テーマについてのビッグクエスチョン」を，単元を通して考えさせる。子どもたちにはどんな「ほしいもの」があるだろうか。その「ほしいもの」にはどんなよいところとよくないところがあるだろうか。現代社会では宮澤賢治のように「ほしいもの」をおさえて生きることはできるだろうか。また，現代社会では「ほしいもの」についてどんな問題があり，それをどうしたらよいだろうか。

第8章

『時をさまようタック』を題材にした単元

1　文学的なスキルの指導

　作者は，現実的な物語とファンタジーを組み合わせることで，誕生，成長，変化，死がライフサイクルの中で必要なことを示している。登場人物たちの経験を通して，作者は「もし，私たちが永遠に生きたらどうなるだろうか」という問いを探求している。

　若いウィニーは，タックの家での並外れた冒険を通して，友情，誠実さ，責任感について学ぶ。しかしまた，死が人生について意味を与えることについての成熟した理解をするようになる。

　テーマから，この本は理科のライフサイクルの単元とも関係がある。テーマが豊富なので，あらゆる学年にも対応できる。この単元の読書課題は少なくしてあるが高学年で学ぶときは長くするとよい。

　表8-1は，四つのブッククラブのカリキュラム領域である理解，文学的側面，作文，言葉の技術と，この単元の一つひとつのレッスンとの関連を示す。（　）内の数字は英語言語技術の基準の番号である。

> 単元のテーマ

　この単元は「人間の死ぬ運命」「人生の循環する性質」を扱っている。『時をさまようタック』（Babbitt, N.）のほかに，「人生という車輪の中での死の目的」を受け入れて理解するようになることを示す文学作品も使ってテーマを理解する。

　子どもたちがこれらのテーマを理解するのは困難なので，単元を通

第8章 『時をさまようタック』を題材にした単元

表8-1 カリキュラム関連表

カリキュラム領域	『時をさまようタック』単元のレッスン
理　解	Lesson 1：レスポンスチョイスのおさらい（3, 4, 5, 11, 12） Lesson 2：視覚化（3） Lesson 3：キャラクターマップ*（3） Lesson 4：私と本（3, 5） Lesson 6：ベン図をもう一度*（3, 6） Lesson 7：感情と強い感情を理解する（2, 3, 6, 11） Lesson 9：登場人物の変化を分析する（3, 6） Lesson 10：似ているところと違うところを比べる（3） Lesson 12：登場人物の世界観を分析する（2, 3） Lesson 14：プロット*（3, 6） Lesson 15：時の流れにそった登場人物の変化（3） Lesson 16：ストーリーグラフ（3） Lesson 17：善悪の問題（1, 2, 3, 11）
文学的側面	Lesson 1：レスポンスチョイスのおさらい（3, 4, 5, 11, 12） Lesson 2：視覚化（3, 11） Lesson 4：私と本（3, 5） Lesson 5：作者の技術——比喩的表現と伏線（6） Lesson 6：ベン図をもう一度（3, 6） Lesson 7：感情と強い感情を理解する（2, 3, 6, 11） Lesson 8：ジャンル——ファンタジー（2, 3, 6） Lesson 9：登場人物の変化を分析する（3, 6） Lesson 11：繰り返されるイメージと物語のテーマ（3, 6） Lesson 13：繰り返されるイメージと物語のテーマ（3, 6） Lesson 14：プロット（3, 6） Lesson 17：善悪の問題（1, 2, 3, 11） Lesson 18：視点（3, 6） Lesson 19：時の変化，物語の解決（3, 6）
作　文	Lesson 1-19：毎日ログを書くこと（3, 5, 6, 12） Lesson 4：私と本（3, 5） Lesson 20：プロセスライティング，エッセイ（4, 5, 6）
言葉の技術	Lesson 1：レスポンスチョイスのおさらい（3, 4, 5, 11, 12） Lesson 20：プロセスライティング，エッセイ（4, 5, 6）

して次のテーマについてのビッグクエスチョン*を掲示しておき，クラスで話し合いをする。
- どうして，人生は「サイクル」とか「車輪」のようだと言えるのだろうか。

第Ⅱ部　実践編

表8-2　単元「時をさまようタック」の学習活動における9週間の概要

第1週　予備知識を築く、調査
- 教師は、永遠に循環する四季と人間生活の生と死のサイクルと関連づける。
- 子どもたちは、人間のライフサイクルで起こる基本的な段階について調査する（1, 7, 8）。
- 子どもたちは、教室の外で読むためのテーマに関連した本を選ぶ（2, 12）。

第2週　テーマを発展させる
- 教師が、テーマに関連した複数の詩と絵本をリードアラウドする（1, 2）。
- 子どもたちは、ライフサイクルの段階を描く図を創造し、調査したことを報告する（4, 7）。
- 子どもたちは、フィクションの登場人物たちが、ライフサイクルの中で、どのように成長して変化するかについて報告する（2, 4）。
- 子どもたちは、もしできたら、永遠に生きることを選ぶかどうかについて書く（5）。

第3週　作者への導入
- 子どもたちが作者と彼女の作品について知るために、教師はナタリー・バビット（作者）にインタビューしたビデオを見せる（8）。
- 教師はナタリー・バビットのほかの複数の本のいくつかの章をリードアラウドする（1, 2）。
- 教師はテーマに関連した小説をリードアラウドし始める（1, 2）。

第4～7週　ブッククラブレッスンプラン

- 子どもたちは「時をさまようタック」を読んで話し合いをする（1, 4, 6, 11）。
- 子どもたちは、どのようにブッククラブに参加したらよいかについて、自分たちで複数の目標を立てる。
- 教師と子どもたちは、物語のできごとを追うためにベンダイアグラムを使う（3）。
- 子どもたちは、バビットの描写的で比喩的な表現を分析する（6）。
- 子どもたちは、キャラクターマップを創造する（3）。
- クラスでファンタジーのジャンルの要素と物語のプロットについて分析する（6）。
- 子どもたちは、「善と悪」と「個人的責任」の問題について話し合いをする（1, 2, 3, 11）。
- 子どもたちは、ブッククラブでの話し合いに基づいて文章を書く。

第8週　テーマ学習の拡張
- 子どもたちが、成長するにつれて経験することを楽しみにしている自分たちの変化についてエッセイに書く（5, 11）。
- クラスで、人生の車輪を描くコラージュ（写真や絵などを切りはりしたもの）を創造する（4, 11）。

第9週　詩を書く
- 子どもたちは、詩を書いて、人生の車輪の中で自分たちが今いる季節について考える（4, 6, 11, 12）。
- 教師は教師自身の書いた詩も子どもたちに読ませて話し合う。
- 子どもたちはテーマについてのビッグクエスチョンについてもう一度考える（11）。

注：9週間の間に毎週これらのことを教える。（　）内は英語言語技術の基準の番号である。

- 生きているものたちの世界で、死はどんな目的を持つのだろうか。
- 人々は、人生の異なった段階を経験しながら、どのように成長したり変化したりするのだろうか。
- 永遠に生き続けるということは、どうして、すばらしいことであるとともにのろわしいことでもあるのだろうか。
- 確実に死ぬということは、私たちが生き方を選ぶときに、どう影響するだろうか。

　このテーマ単元の間に、このテーマに関連した小説や絵本や詩をリードアラウドする。また、「人間の死ぬ運命」と「人生のサイクル」に関する本を学級文庫に加える。このほかにテーマに関連するビデオも見る。

② 単元の学習活動

◉第1週　予備知識を築く、調査
- 教師は、永遠に循環する四季と人間生活の生と死のサイクルとに関連があることを話す。テーマについてのビッグクエスチョンを掲示して見せ、単元の間何度でも繰り返し考えることを話す。
- 子どもたちを4人か5人ずつのグループに分ける。子どもたちは、人間のライフサイクルで起こる基本的な段階について調査する。グループの中を、一人かペアでやるもっと小さな仕事に分け、調べたことをグループに報告させる。
- 子どもたちに、リサーチのほかに教室の外で読むためのテーマに関連した本を選ばせて一人読みさせる。

◉第2週　テーマを発展させる
- 教師が、テーマに関連した複数の詩や絵本をリードアラウド＊する。読みながら、子どもたちに、どんなとき人生が輪や車輪のように見えるか考えさせる。
- 子どもたちに調査を続けさせて、人生にはどんな段階があるか Think Sheet 7（巻末206ページ）を使ってライフサイクルの図を描かせる。週の終わりに

第Ⅱ部　実践編

は各グループが発表する。
- 子どもたちが調査したことと一人読みしたこととの関連を考えさせる。子どもたちは，一人読みしたフィクションの登場人物たちが，どのようなライフサイクルの中で，どのように成長して変化するかについて図に示して報告する。
- 子どもたちに次のライティングの問いを与える。「もしあなたが永遠に生きることを選べたらそうするだろうか。どうしてそう思う？」
- 子どもたちに一つのパラグラフ*を書かせて後で見直させる。

●第3週　作者への導入
- 来週から『時をさまようタック』を読むことを子どもたちに話す。子どもたちが作者と彼女の作品について知るために，教師は作者のナタリー・バビットにインタビューしたビデオを見せる。
- 教師は，ナタリー・バビットが書いたほかの複数の本から複数の章をリードアラウドする。ナタリー・バビットが書くスタイルについて，自然や時間やマジックなどに関連するテーマやほかの要素を子どもたちに指摘させる。
- 週の終わりに教師がこのテーマに関連するほかの本のリードアラウドを始める。ブッククラブの話し合いの中で，教師がリードアラウドする本と『時をさまようタック』のテキスト同士の比較をさせる。毎日読書課題を読んだ後，リードアラウドする本と『時をさまようタック』の2冊について，登場人物たち，できごと，セッティング，テーマについて比較させる。

●第4〜7週　ブッククラブレッスンプラン
- 9週全部の単元を計画しているなら，このレッスンプランをやる前に第1週から第3週の活動を済ませておく必要がある。

●第8週　テーマ学習の拡張
- 第12章で，タックは人生は静かにまわる車輪のようなもので車輪の中のすべてのものは生まれてから死ぬまで成長して変化すると言う。タックはウィニーに，「私は車輪によじのぼって成長し変化して，死ぬことさえしたい」

第8章　『時をさまようタック』を題材にした単元

と言う。子どもたちにこの言葉を思い出させて，子どもたちがどう考えるか話し合わせよう。
- 子どもたちが，成長するにつれて経験することを楽しみにしている，自分たちの変化についてエッセイに書く。希望者に自分のエッセイをクラスで発表させる。
- クラスで，人生の車輪を描くコラージュ（訳注：写真や絵などを切りはりしたもの）をつくって展示しよう。そのために，人々や動物や植物や星の写真や絵を切り抜いてはりつけさせよう。

◉第9週　詩を書く
- この単元で人間の死についてどんなことを学んだか子どもたちに聞こう。
- 子どもたちに詩を書かせて，人生の車輪の中で自分たちが今いる季節について描かせよう。
- まず教師は教師自身の書いた詩を読んで子どもたちの意見を聞こう。それから希望者に自分の書いた詩を発表させよう。
- 完成した人生の車輪のコラージュを展示して，車輪の中の異なったサイクルの段階や絵や写真のイメージについて話し合わせよう。
- 子どもたちに，テーマについてのビッグクエスチョンについてもう一度考えさせよう。

第Ⅱ部　実践編

ブッククラブレッスンプラン

『時をさまようタック』のあらすじ

　　1880年のこと，10歳のウィニー・フォスターは家族に守られて暮らしていた。ある朝彼女は森に行った。そこで，泉から水を飲んでいるハンサムで若いジェシー・タックを見た。ウィニーものどがかわいていたが，ジェシーは水を飲ませてくれない。ウィニーがタックの家に誘拐されたあとジェシーのお母さんのメイとお兄さんのマイルスが帰って来た。

　　タックの家の人たちはウィニーに，87年前に泉の水を飲んでからその水が永遠の命を与えることを知ったと言う。メイは，もしウィニーが泉の水を飲んだら永遠に少女のままだと言う。見知らぬ人がこれを聞いて一儲けしようとたくらむ。

　　タックの家で，ジェスのお父さんアンガスは，ウィニーに「人生の輪の中でどうして死が必要か，なぜ成長や変化しない人生は無意味か」説得しようとする。さっきの見知らぬ人は，フォスター家と交渉ができたと言う。彼は森と引き替えにウィニーを返すという。また彼は森の水を飲ませるつもりだと知ったメイは怒って見知らぬ人を殺す。メイは投獄されて絞首刑の判決が出る。ウィニーはメイを救おうとする。ジェシーは水のびんをウィニーに渡して，17歳になったら飲んで二人で結婚し永遠に暮らそうと言う。

　　70年後，メイとアンガスは森に戻る。二人は新しい墓石にウィニーの名前を見つける。ウィニーは人生の輪の一部になることを選んだのだ。

Lesson 1
レスポンスチョイス*のおさらい

（読書課題：プロローグ, pp. 3-4.）

（1）目　的
- ログに書くレスポンスのタイプをおさらいする。
- 子どもたちに，ブッククラブとリーディングログ*の目標を立てさせる。
- 物語のできごとの関連をベン図*で書かせる。

（2）ライティング*の問い
- 8月の1週に起きたことを描くのに作者が使った言葉のリストをつくろう。

第8章　『時をさまようタック』を題材にした単元

- 物語のプロローグでサスペンス*をつくり出すのに作者はどんな工夫をしているだろうか。
- プロローグであなたの心に湧いてきた疑問をいくつかあげなさい。

（3）進め方
- あらゆる学習プログラムと同じように，ブッククラブが成功するかどうかは，子どもたちが学習の目標についてはっきりした目標を持っているかどうかにかかっている。そのために Evaluation Sheet 4（巻末215ページ）を使わせるとよい。下のレッスンには，子どもたちにリーディングログの目標を立てることが書かれている。
- 子どもたちが文学について意見を言うための様々な方法についておさらいしよう。Think Sheet 5（巻末204ページ）またはあなたが子どもたちに練習させたいレスポンスタイプ*を書き込んだ Think Sheet 6（巻末205ページ）を配ろう。それから Evaluation Sheet 5（巻末216ページ）を配り，子どもたちに自分の目標を書かせる。
- また，Think Sheet 8（巻末206ページ）を渡すとよい。このシートを使うと，いろいろなレスポンスを使っているか，同じレスポンスばかり使っていないかをチェックできる。このシートに書いてあるレスポンスタイプをそれぞれどう書いたらよいか，ということを理解しているかどうか確認しよう。あなたがほかのレスポンスタイプも教えていたらその書き方をおさらいしてリストに加えよう。
- 子どもたちが物語に入っていけるように『時をさまようタック』のプロローグを教師が音読しよう。それから黙読させるか子ども同士でペアを組んで交替で音読させよう。プロローグでは作家が相互に関係し合っている三つのできごとを描いていることを指摘しよう。子どもたちのリーディングログに三つの輪を描かせて，その中にもう一度音読する間に書きこませよう。またはあなたが三つのベン図*を，もう一度音読しながらオーバーヘッドプロジェクター（OHP）で描いてモデルを示そう。このベン図は，三つのことがらの関係を示すのに役立つと説明しよう。図8-1がサンプルである。
- 子どもたちに，ライティングの問いに答えさせよう。子どもたちがログに

第Ⅱ部　実践編

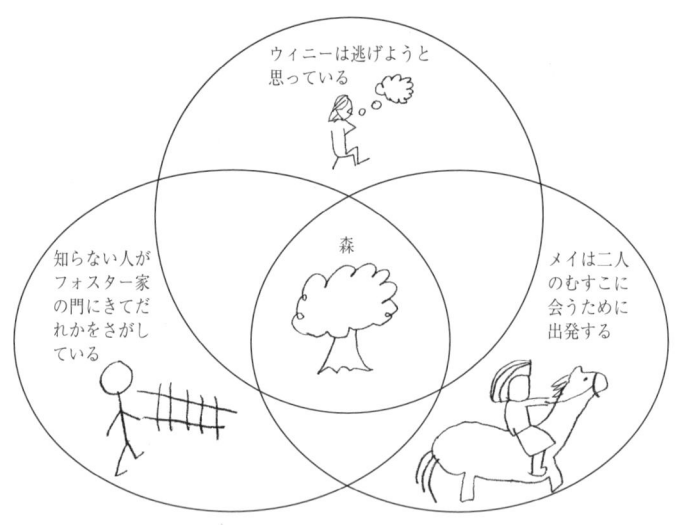

図8-1　三つのベン図

注：この図は『時をさまようタック』のプロローグに書かれていることを示したものである。このベン図は，小説を通して，できごとの変化をたどるのに役立つ。

（上の円）ウィニーは逃げようと思っている
（左の円）知らない人がフォスター家の門にきてだれかをさがしている
（右の円）メイは二人のむすこに会うために出発する
（中央）森

答える前にクラスで話し合いをしてもよい。必要だと思ったら，子どもたちを手伝ってサスペンスとは「次にどんなことが起きるかと不思議に思う興奮した感情」であると定義させよう。

- ブッククラブの話し合いのときに，子どもたちが，話し合いをするのではなくてログに書いたことを棒読みしているようなら，リーディングログを机にしまってから話し合わせるとよい。
- 終わりの話し合いでは，ブッククラブの話し合いで出たおもしろい意見を発表させよう。サスペンスについての二番目の問いに集中して，子どもたちに，プロローグを読んだ後でサスペンスの感情が起きたかどうかたずねよう。また，子どもたちに，プロローグを読んで心の中にどんな疑問が起きたかたずねよう。
- もし子どもたちが一人で読む本を選んでいなかったら，学級文庫にライフサイクルに関する本をそろえて，子どもたちに選ばせよう。

Lesson 2
視覚化

（読書課題：第1章, pp. 5-8.）

（1）目　的
- 子どもたちに，テクストの描写の細部に注意を払うことによって，物語のセッティング*をどのように視覚化するかを示す。

（2）ライティングの問い
- 第1章を読んだ後で，最初の家，道，森をあなたの心に浮かんだように描きなさい。必要なら，色をつけたり見出しをつけたり説明を加えたりしなさい。

（3）進め方
- このレッスンでは，子どもたちは，作家がセッティングをどのように描いているかをよく理解するために，どのように視覚化のストラテジー*を使うかを学ぶ。物語のセッティング，登場人物，できごとを視覚化すると，子どもたちがどのくらい理解しているかがチェックできると同時に，作者が創造した作品の世界に浸らせることができる。
- リードアラウド*しているときに，子どもたちに目を閉じさせて作者が描写したセッティングを視覚化させるか絵に描かせる。次に子どもたちに想像したセッティングを口頭で説明させる。
- 模造紙に，ツリーギャップ（訳注：森のある地名）を車輪の中心に，最初の家，道，森を三本の主な車軸に書き入れる。ほかの車軸には，子どもが考えたキーワードや重要な語句を書く。例えば，「最初の家——広場，堅固な，触るな，自慢の」「道——牛が歩く，気楽な」「森——変わった，寝ている，ほかの世界」など。これらの言葉がどんな感情を引き起こし，どんなセッティングを描写するのに役立つか話し合いをする。
- この章をもう一度リードアラウドして，作者が用いた多くの描写的な語に注目させる。
- 描写的な語について話し合った後で，ライティングの問いを与え，もう一度リードアラウドする。子どもたちはツリーギャップの情景を解釈して絵

第Ⅱ部　実践編

に描く。
- 黒板に全員の描いた絵をはって，子どもたちが描いたツリーギャップの絵がどのように多様かを話し合う。個人的な経験が描かれたものを見るときにどのように影響するかを話し合う。みんなが書いた絵の似ているところと違うところを話し合う。このレッスンでブッククラブをやっていたらブッククラブのグループの中でメンバーの絵の似ているところと違うところを話し合う。
- 『時をさまようタック』をこれから読むときや一人ずつ選んだ本を読むときも，絵に描いたり心の中で絵に描いたりするよう子どもたちに話す。

Lesson 3
キャラクターマップ

（読書課題：第2章, pp. 9-12.）

(1) 目　的
- テクストに書いてある細部を使ってキャラクターマップ*を創造する。
- 登場人物たちを成長・変化させるために作者たちが用いる基本的な方法をわからせる。
- この作者が頻繁に「間接的な性格描写」を用いることを指摘し，子どもたちにその具体例をテクストから発見させる。

(2) ライティングの問い
- メイ・タックのキャラクターマップをつくりなさい。
- アンガスとメイの性格はどこが違うだろうか。
- この章を読んでどんな疑問が心に浮かんだ？

(3) 進め方
- 子どもたちが文学の登場人物の性格を理解し解釈する能力は，作者が登場人物たちを生きているように描写する方法を意識すればするほど高められる。作者は登場人物を創造するために様々なテクニックを組み合わせる。そのテクニックには，登場人物たちの肉体的な特徴を描写したり，行動を描写したり，直喩*や隠喩*を使う。初めの話し合いで，肉体的な特徴の描写

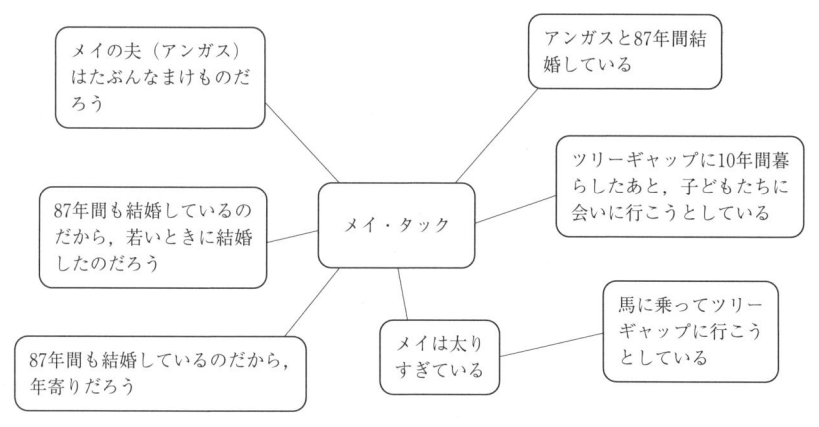

第8章 『時をさまようタック』を題材にした単元

```
メイの夫（アンガス）         アンガスと87年間結
はたぶんなまけものだ         婚している
ろう
                                    ツリーギャップに10年間暮
87年間も結婚しているの       らしたあと，子どもたちに
だから，若いときに結婚   メイ・タック   会いに行こうとしている
したのだろう
                                    馬に乗ってツリー
87年間も結婚しているのだから，   メイは太り   ギャップに行こう
年寄りだろう                 すぎている   としている
```

図8-2　キャラクターマップ

　が人物描写の一形式であることを話す。例えば「大きなジャガイモのような女性。丸くて賢そうな顔，穏やかな茶色の目」という描写で，メイ・タックのどんなことがわかるか子どもたちにたずねる。

- 間接的な性格描写とは，読者が登場人物の外見や行動から性格を推測することである。こうして，読者は作者が直接書いていない登場人物の考えや感情を発見する。
- キャラクターマップは，登場人物についての考えや細部を整理する方法であると子どもたちに話そう。物語を音読しながら，一人の登場人物を選んで，オーバーヘッドプロジェクター（OHP）や黒板に，子どもたちと話し合いながらキャラクターマップを描いていく。典型的なキャラクターマップは，図8-2のように登場人物の名前を中心に書いて，外見や行動やほかの細部を周囲に書く。
- ブッククラブのグループでは，メイ・タックについてめいめいがつくったキャラクターマップとほかのログに書いたことについても話し合う。
- 終わりの話し合いで，テキストに与えられた細部からメイの人柄についてどんな推測ができるか話し合いする。
- 読み進むにつれてメイのキャラクターマップに書き加えていく。ほかの登場人物についてもマップをつくらせよう。

109

第Ⅱ部　実践編

> ### *Lesson 4*
> ### 私と本
> （読書課題：第3章, pp. 13-16.）

（1）目　的
- 本に対する個人的なかかわりを示すレスポンス*の形式を子どもたちに導入する。

（2）ライティングの問い
- ウィニーは彼女の人生についてどのように感じていただろうか。
- あなたは，ウィニーと同じような気持ちになったことがある？　ウィニーと同じように走って逃げ出したいと思ったことがある？　そのときのことを詳しく書きなさい。
- ウィニーのキャラクターマップをつくりなさい。

（3）進め方
- 本と自分とを個人的に関連づけさせることは，文学に対する読者の楽しみを高め，理解を深める。このレッスンでは「私と本」のレスポンスについて学ぶ。
- 子どもたちが楽しんで読んだ本をあげさせ，なぜその本が記憶に残り，なぜその本が重要なのか説明させる。教師が楽しんだ本についても説明して話し合いをする。読者が読書を楽しむのは，その本が，読者と関係のある登場人物やできごとを含んでいたり，読者が理解できる登場人物やできごとを含んでいるからである。
- Think Sheet 5（巻末204ページ）にある「私と本」のレスポンスについて説明する。登場人物や物語のできごとが自分たちの生活について思い出させる例をいくつかあげる。本に書いてあることと自分の人生とのかかわりについて書くと本についての理解が完全になると子どもたちに話そう。
- 終わりの話し合いで，希望する子どもにライティングの問いに対して書いたことを発表させる。

Lesson 5
作者の技術——比喩的表現と伏線

(読書課題：第4章, pp. 17-21.)

（1）目　的
- 子どもたちに比喩と伏線*という文学的なしかけを教える。
- 読者に感情的なレスポンスを起こさせるために作者が描写的で比喩的な言葉を用いることを探求する。

（2）ライティングの問い
- 黄色いスーツを着た男はだれのために探しているのだと思う？
- 黄色いスーツを着た男についてあなたはどう感じる？　文章のどのところからそう感じた？
- この次にどんなできごとが起こるか一つか二つ予測しなさい。

（3）進め方
- 読書課題を子どもたちに黙読させてからこのレッスンに入る。
- 作者たちはよく感覚的な細部を描いて，読者が見て，聞いて，においをかいで，味わって，感じるようにする。
- 作者たちは比喩的な表現も使う。比喩的な表現には直喩*と隠喩*がある。直喩は「〜のように」を使う。隠喩は「ように」を使わない。この直喩や隠喩によって，作者が考えや感情を伝えることを説明してその例をテキストから探させる。
- 描写的，比喩的な表現でどんな感情が引き起こされるかを話し合わせる。
- 伏線とは，物語の後の方で起こるできごとに対して読者に準備させるための手がかりであることを説明する。例として「ウィニーが門のところで見知らぬ人と話していたとき，突然おじいさんの葬式のことを思い出した」をあげて，この伏線の部分のイメージが読者にどのような警戒心を与えるかを話し合う。また，伏線の部分のイメージによってどんなできごとが後で起こるかを予測させる。
- 終わりの話し合いで比喩的表現と伏線に立ち戻る。子どもたちにリーディングログに書いたことを発表させ，この章の比喩的表現で黄色いスーツの

第Ⅱ部　実践編

男がだれのために何を探しているかを予測させる。

Lesson 6
ベン図をもう一度

（読書課題：第5章，pp. 22-30.）

---

(1) 目　的
- Lesson 1 でやった三つのベン図に第1～5章から書き加える。

(2) ライティングの問い
- ウィニーはジェシーにどんなことをした？　ウィニーのことをどう思う？
- メイ・タックが「一番悪いことは最後に起こる」と言ったことをどういう意味だと思う？
- この章の終わりで，あなたの頭に浮かんだ質問をいくつか書きなさい。

(3) 進め方
- Lesson 1 で書いたベン図をもとに，教師が司会をして，クラスの子どもたちの意見を聞きながら第1章，第2章から2～3の細部を書き加える。木を中心に書く。なぜなら木はほかの三つの話題（ウィニー，タック一家，知らない人）に関係し，ハブ（車輪の中心）として三つを結びつける。ダイアグラムには重なり合う部分がある。ある話題がほかの話題とどうかかわるかを示す。
- 教師が示したモデルに従って，ペアを組ませ，第3章，第4章から細部を加えさせる。
- 子どもたちが，読書課題を読んでログに書いたあと，ペアを組ませて第5章から細部をベン図に書き加えさせる。図8-3はサンプルである。
- ブッククラブではライティングの問いへの答えとともにベン図についても話し合う。終わりの話し合いでクラスのベン図を書き加えよう。

第8章 『時をさまようタック』を題材にした単元

図8-3 ベン図のサンプル

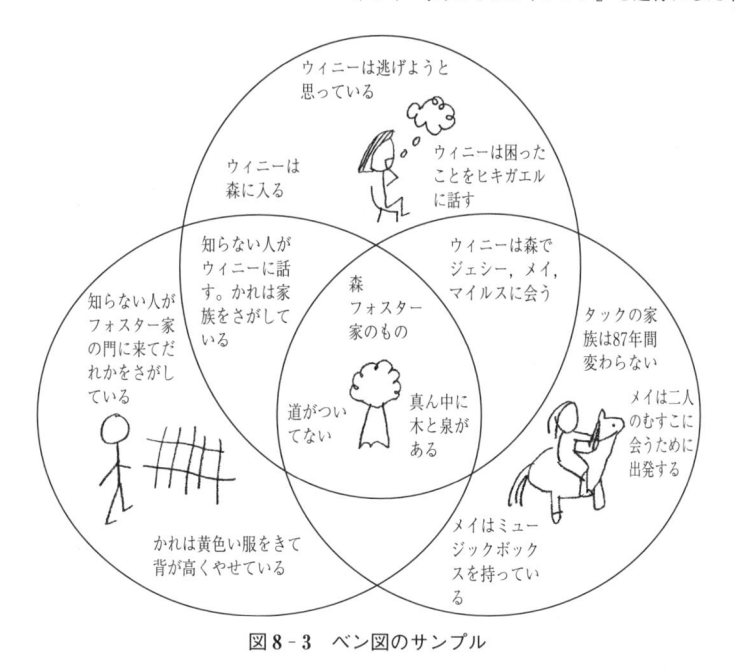

Lesson 7

感情と強い感情を理解する

(読書課題：第6章, pp. 31-36.)

（1）目　的
- 作者が登場人物を通して感情と強い感情を表現し，読者が物語に反応するときの感情と強い感情について話し合う。

（2）ライティングの問い
- この物語のそのときに，タック一家とウィニーが感じた，いろいろと違った強い感情を，全部詳しく書きなさい。
- あなたはタック一家の感情がよくわかる？　どうしてそう思う？
- あなたはウィニーの気持ちがわかる？　どうしてそう思う？
- ウィニーが人さらいについて想像していたことは，本当に起きたこととどこが違うだろうか。

第Ⅱ部　実践編

（3）進め方
次の三つのアプローチのどれをとるかは，クラスの学習状況による。
【アプローチ1】強い感情についての一般的な話し合い
　登場人物の感情は物語でどんな役割を果たすか，について話し合う。次のような教師からの問いかけで話し合いを始める。
- 本の中で，なぜ登場人物の感情は大切なのか。
- 登場人物の感情が書いてある本と書いていない本はどう違う？
- 登場人物たちの気持ちと，私たちが本を読んだときに感じる気持ちからどんなことがわかるだろうか。

【アプローチ2】作者が登場人物たちの感情をどのように描いているかについての話し合い
　作者が強い感情を描写するテクニックについて紹介する。直喩*，隠喩*，シンボル*，登場人物の行動，対話など。第6章の最初の数ページを読んで登場人物の感情の表れているところを指摘させる。

【アプローチ3】登場人物たちの感情に対して，読者たちがどのように反応するかについての話し合い
　ジェシーやウィニーの感じる感情から子どもたちがどんなことを感じるか話し合う。子どもたちが，ジェシーやウィニーの状況にいたらどうするか話し合う。
- 子どもたちが第6章を読んで，ライティングの問いの答えを書き，ブッククラブで話し合いをした後，終わりの話し合いで希望者に書いたものを発表させる。また，終わりの話し合いで，登場人物の感情に対する子どもたちの受け取り方がどのように似ているか，違うか話し合う。

Lesson 8
ジャンル――ファンタジー

（読書課題：第7章，pp. 37-41.）

（1）目　的
- ファンタジーというジャンルの特徴を子どもにわからせる。

第8章 『時をさまようタック』を題材にした単元

- 『時をさまようタック』をファンタジーにしている要素を確認する。

（2）ライティングの問い
- タック一家の物語についてどう思う？　本から根拠をあげなさい。
- もしあなたがウィニーだったらタック一家の話を信じる？　どうしてそう思う？
- タック一家が泉の水を飲んだあと起こったことをまとめなさい。
- 第7章の中からファンタジーと本当にあったことを抜き出しなさい。

（3）進め方
- まず，子どもたちに読書課題を黙読させる。
- この本はファンタジーだと伝え，ファンタジーの意味をたずねる。ファンタジーとは現実世界にあり得ない人物たちやできごとを描いた想像の世界だと伝える。
- 子どもたちが読んだほかのファンタジーの本をあげさせる。
- 『時をさまようタック』は現実と想像が組み合わされていると話す。この本の中のどのことが現実でどのことが想像かを考えさせる。
- 第6章の，ウィニーがミュージックボックスを調べているところを音読する（「チリンチリンと小さなメロディーがなり始めたとき……（p. 35）」）。それから第7章の，タック一家が泉のパワーを理解したところを読む（「それは私たちが思っていた以上には変わらなかった（p. 40）」）。子どもたちに二つの部分がどう違うかをたずねる。
- 第6章の部分は現実に起こり得ることで，第7章の部分は起こり得ないことだと子どもたちを誘導する。
- Think Sheet 9（巻末207ページ）を渡す。第7章までについて考えさせて，「どの要素や細部が真実で信じられるか」「どれが非現実で想像か」考えさせ，Think Sheet 9に答えを記入させる。
- ブッククラブで，ファンタジーについて話し合わせ，ファンタジーの要素をできる限りあげさせる。
- 終わりの話し合い*で，グループからThink Sheet 9について報告させ，クラスとしての表をつくる。

第Ⅱ部　実践編

（4）子どもたちの自己評価
　Evaluation Sheet 8（巻末219ページ）を使ってリーディングログを自己評価させる。

Lesson 9
登場人物の変化を分析する

（読書課題：第8章と第9章, pp. 42-49.）

（1）目　的
- 登場人物たちの変化を時間にそってたどる。

（2）ライティングの問い
- 永遠に生きるということについて、メイとジェシーとマイルスの気持ちがどのように違うかまとめなさい。
- ウィニーは、自分の人生とタック一家について、今どのように感じているだろうか。ウィニーが一番大きく変わったところはどこだろうか。本の中からあなたの考えの根拠をあげなさい。

（3）進め方
- Lesson 3 ではメイ・タックのキャラクターマップをつくった。このレッスンでは、どのように、なぜ登場人物が変化するかを学ぶ。
- メイ・タックのキャラクターマップを見ながら、作家が登場人物をどうやって変化させるかを考えてみよう。ある登場人物の行動や発言や外見の描写やほかの登場人物がその登場人物に対して考えたり言ったりしたことを子どもたちと一緒におさらいしてみよう。それから子どもたちに作者はどのようにして登場人物の変化を描写しているかをたずねてみよう。
- 子どもたちに、物語の初めからウィニーはどのように変化したか聞いてみよう。なぜ変わったか、どんなできごとが変化を引き起こしたかを考えさせよう。
- 登場人物の変化のチャート*を黒板に書こう（図8-4）。ウィニーの性格がどのように変わったかを理由とともに詳しく書かせよう。変化や理由を成長チャートに書かせて、作者がウィニーの性格の変化をどのように描いた

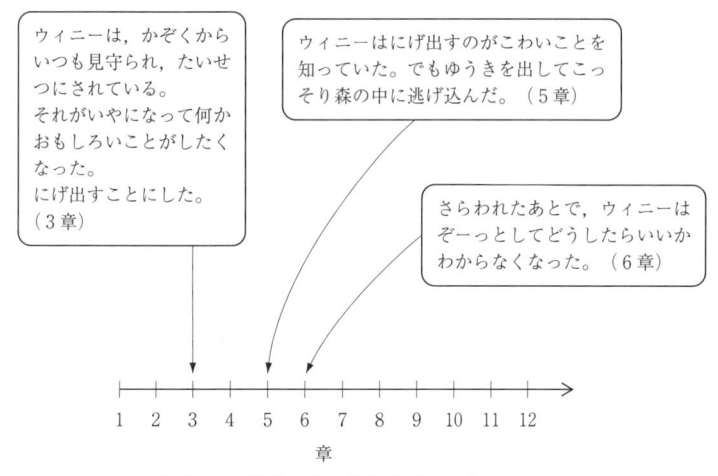

第8章　『時をさまようタック』を題材にした単元

```
┌──────────────────┐      ┌──────────────────┐
│ウィニーは，かぞくから│      │ウィニーはにげ出すのがこわいことを│
│いつも見守られ，たいせ│      │知っていた。でもゆうきを出してこっ│
│つにされている。    │      │そり森の中に逃げ込んだ。（5章） │
│それがいやになって何か│      └──────────────────┘
│おもしろいことがしたく│            ┌──────────────────┐
│なった。         │            │さらわれたあとで，ウィニーは│
│にげ出すことにした。 │            │ぞーっとしてどうしたらいいか│
│（3章）         │            │わからなくなった。（6章） │
└──────────────────┘            └──────────────────┘
```

```
      ↓         ↓   ↓
├─┼─┼─┼─┼─┼─┼─┼─┼─┼─┼─┼─→
1  2  3  4  5  6  7  8  9 10 11 12
              章
```

図8-4　登場人物の変化のチャート

かを話し合おう。

- ジェシーのほかの家族について，子どもたちにペアを組ませて同じようなチャートをつくらせよう。チャートに描かれた，細かいが重要な事実に注目させ，もしこの小さな変化が登場人物に起こらなかったら，どんなに困ったことになったかを考えさせよう。
- 読書課題を読み，ライティングの問いに答える前に，成長チャートを描いて発見したことについてグループの中で話し合わせよう。
- 終わりの話し合いでは，ライティングの問いでウィニーの変化について書いたことを基にして，ウィニーの性格が時間とともに変化する成長チャートに詳しいことを書き加えよう。

Lesson 10
似ているところと違うところを比べる

（読書課題：第10章と第11章, pp. 50-59.）

（1）目　的
- フォスター一家の世界とタック一家の世界の似ているところと違うところ*を比べる。この知識をウィニーの人格の変化の理解に適用する。

第Ⅱ部　実践編

表8-3 「似ているところ・違うところチャート」のサンプル

フォスター一家のくらし	タック一家のくらし
1. とてもよそよそしい家	1. 親近感のわく家
2. きちんとしている	2. きまりがほとんどない
3. きまりがたくさんある	3. とてもきたない家
4. むかつくようなくらし	4. きもちがよい
5. やりたいことができない	5. なにをやってもかまわない
6. ひとりぼっちだ	6. みんななかがよい

（2）ライティングの問い
- フォスター一家とタック一家の似ているところと違うところを比べなさい。
- フォスター一家とタック一家の小屋は，それぞれどんなキーワードで描写できるだろうか。
- この本に書いてある描写に基づいて，タック一家の小屋の部屋の絵を描きなさい。
- 小屋の中を見てまわったとき，ウィニーはどんな気持ちになっただろうか。
- タックの家で夕飯を食べたとき，ウィニーはどんな気持ちになっただろうか。

（3）進め方
- 初めの話し合いで次のことを話し合おう。
① 二つのことがらの似ているところと違うところを比べることによってどんなことが学べるかを話し合わせる。
② ウィニーとジェシーの家はどこが似ていてどこが違うかを話し合わせる。
③ 似ているところと違うところを記録する方法を考えさせる。ベン図も一つの方法だが子どもにほかの方法も考えさせる。
④ 子どもたちにどんどん違いを言わせて，フォスター一家とタック一家の「似ているところ・違うところチャート」を教師が黒板につくる。
- 読書課題を黙読させ，ライティングの問いについて書かせてから，書いたことについてグループでブッククラブの話し合いをやる。
- 終わりの話し合いで，フォスター一家とタック一家の山小屋の違いについて，気づいたことを言わせる。初めの話し合いで書いたチャートに細部をつけ足す。

第8章　『時をさまようタック』を題材にした単元

- Lesson 9で書いた，ウィニーの成長チャートを見ながら，新たな発見をチャートに書き込む。また，成長チャートの細部と「似ているところ・違うところチャート」のどこがどのように違うか話し合う（表8-3）。

Lesson 11
繰り返されるイメージと物語のテーマ
（読書課題：第12章と第13章，pp. 60-66.）

（1）目　的
- テクストの中で繰り返されるイメージを見つける。
- テーマの持つ文学的な要素について教える。
- 繰り返されるイメージが物語の中心テーマを暗示することを確認させる。

（2）ライティングの問い
- 今までに見慣れた何度も繰り返し出てくるイメージを第12～13章の中で見つけなさい。そのイメージは，この本のどこに出てきただろうか。
- この何度も出てくるイメージは，この物語のテーマとどう結びつくだろうか。
- あなたの言葉で，この物語の一番大切なテーマを書きなさい。
- 車輪は人生のよいシンボルだと思う？　どうして？
- アンガス・タックが「死ななければ生きたことにはならない」と言ったのはどういう意味だろうか。

（3）進め方
- 『時をさまようタック』の強いテーマは「人生は自然のサイクルだ」である。この本には，車輪や車軸といった輪のイメージが繰り返し出てくる。「物語のテーマは何か」で話し合いを始めよう。テーマとは，読者が人生に応用できる重要なメッセージだと教える。作者はテーマを直接語ることもあるが，通常は，テーマはイメージやできごとや会話によって暗示されると教える。子どもたちが物語の中で何度も繰り返される何かに気づいたとき，作者がこの繰り返しでどんなことを言おうとしているのか考えさせる。

第Ⅱ部　実践編

- テーマについての話し合いが終わってからその日の読書課題を読む。
- クラスの話し合いで，第13章までの中から，繰り返されるイメージの例を探させる。車輪のイメージがこの本の中に繰り返されていることを発見させて，このイメージがどんなテーマを伝えているのかを考えさせる。
- 次に，車輪のイメージはなぜタック一家にとって重要なのかを考えさせる。また，作者はなぜ車輪を使ってこの本のテーマを伝えようとしたのかを考えさせる。
- 最後に，ライティングの問いについて書かせてからブッククラブで話し合わせる。

(4) リーディングログの評価

　この時点で教師が子どもたちのリーディングログについて正式な評価をしたかったら，Evaluation Sheet 15（巻末226ページ）で評価する。

Lesson 12
登場人物の世界観を分析する
（読書課題：第14章と第15章，pp. 67-75.）

(1) 目　的
- 様々な登場人物の世界観を分析する。
- 異なった人物の世界観が物語を複雑にしたり現実的にしていることを話し合う。
- ある人の世界観が時の流れとともに変化することについて話し合う。
- 重要なできごとについて，人々が異なった世界観を持つときどんなことが起きるかを話し合う。

(2) ライティングの問い
- 登場人物たちの世界の見方（訳注：世界観と同じ意味）が違うことについて話し合う。ほかの登場人物たちの異なった世界の見方が，ウィニーにとって，なぜ混乱を生み出したのだろうか。
- ウィニーのタック一家に対する感情はどのように変わっただろうか。

(3) 進め方

- ここでは世界観を,「特定の人や登場人物の世界の見方」の意味で使う。
- 世界観の意味を子どもたちに聞く。世界観は「特定の人物がどのように世界を見るか」だと導く。「ある人の世界の見方は,境遇や経歴,体験,信念,意見,偏見,心情によって影響される」と説明する。個々人は独特な世界の見方を持っているために,ファンタジーでない現実的な小説は,異なった信念,感情,境遇,個性を持った登場人物たちの複雑な関係を探求する。この複雑さが意識できる読者は,登場人物たちや物語に対する深い理解が得られるだろう。
- ある人物の世界観は時とともに変わることを指摘する。「老人」という詩をクラスで読んで,その男の人生の見方が若いときと年取ったときでどう変わったかを子どもたちにたずねる。子どもたちに,世界の見方が変わった例を,子どもたち自身の経験や『時をさまようタック』などの本からあげさせる。どんなできごとや体験が世界の見方を変えるかをたずねる。
- 二人の登場人物が,二人の人生にかかわりのあるできごとについて,異なった世界の見方をしたとき,どんなことが起きるかを子どもたちにたずねる。一人の人物が,あることについて,同時に異なった見方をすることができるかどうかを考えさせる。そのとき,その人はどんな感情になるだろうか。ある人が,自分の心の中で二つの世界の見方についてどちらがよいか意見を戦わせたとき,どんな結果が起こるだろうか。子どもたちに,「永遠に生きる」と「泉を秘密にしておく」という二つの違った世界の見方をする登場人物について考えさせる。
- この世界の見方についての話し合いを考えに入れて,今日の読書課題を終え,ライティングの問いに答え,ブッククラブで話し合いをし,クラスの話し合いに参加するよう指示する。

第Ⅱ部　実践編

Lesson 13
繰り返されるイメージと物語のテーマ
（読書課題：第16章と第17章，pp. 76-88.）

（1）目　的
- 作家が繰り返されるイメージを使うことに注目させ，それが物語を豊かにすることについて話し合う。

（2）ライティングの問い
- 今日読むところから繰り返されるイメージを見つけ，それがどんなテーマや考えを示しているかについて話し合う。
- マイルスと釣りをしているとき，なぜウィニーは蚊を殺したのに，釣った鮭を逃がしてやるように頼んだのだろう。
- ウィニーのタック一家に対する今の気持ちを詳しく書きなさい。

（3）進め方
- 車輪のイメージを繰り返すことによってこの本のテーマが発展することを考えさせよう。
- 子どもたちに，この本の中でほかの繰り返されるイメージはないかを聞こう。水は物語の中で重要である。なぜなら泉から湧き出る水がタックの家族に永遠の命を与えるからである。また，アンガスはウィニーに人生の車輪について説明するのに，泉から湧き出る水を使うからである。ここでテーマについてのビッグクエスチョン*（p. 99）について考えさせるとよい。
- 繰り返される，ヒキガエルとカエルと水のイメージが自然を代表していることに子どもたちが気づくように導く。マイルスとウィニーが池で釣りをしている様子を絵に描かせる。これはウィニーが自然にひたった最初の体験である。カエルの鳴き声はいきいきとした感覚的イメージだ。マイルスとウィニーのカエルやカメについての話し合いは，生と死という自然のサイクルを思い出させる。
- 子どもたちに『時をさまようタック』を読みながら，ヒキガエルやカエルや水やほかの繰り返されるイメージを見つけさせる。

第8章 『時をさまようタック』を題材にした単元

Lesson 14
プロット

(読書課題：第18章と第19章, pp. 89-100.)

（1）目　的
- 物語のプロット*を書き，その要素を分析する。

（2）ライティングの問い
- メイはどうして見知らぬ人の計画に強く反応したのだろうか。また，どうしてこの場面でウィニーが大きく変わったのだろうか。
- Think Sheet 5（巻末204ページ）から自由に選ばせる。

（3）進め方
- 重要な文学的要素はプロットである。例えば次のような3段階のプロットがある。
  - ──「初め」では，セッティング，主な登場人物たち，問題やもめごとが明らかになる。
  - ──「中」では，登場人物たちが問題を解決しようと格闘する。
  - ──「終わり」では問題が解決する。

  また次のような3段階のプロットもある。
  - ──クライマックスにいたるいくつかのできごと。
  - ──クライマックス：もっともエキサイティング（訳注：興奮させるよう）な時点で，そこでは問題やもめごとを解決するために登場人物たちが行動する。
  - ──解決：問題が解決される。
- ほとんどの物語は，登場人物たちが解決しなければならない問題やもめごとがあることを強調するとよい。
- 子どもたちに，『時をさまようタック』の中心的な課題やもめごとが何かを明確にさせる。物語にはしばしば大きな問題とそれに関連する複数の問題があることを指摘する。
- 終わりの話し合いで，物語がクライマックスに達しているかどうかたずねる。また中心的な問題がすでに解決されたかどうかたずねる。また，次の

第Ⅱ部　実践編

ことをたずねる。
　——子どもたちは，未解決な問題によって引き起こされる劇的な緊張を感じ取れた？
　——子どもたちは読み続けたいという意欲を持っているだろうか。なぜ？
　——これからどんなことを発見したい？

Lesson 15
時の流れにそった登場人物の変化
（読書課題：第20章と第21章，pp. 101-110.）

（1）目　的
- 「時の流れにそった登場人物の変化」を見つけて理解する。

（2）ライティングの問い
- なぜメイは危険なのだろうか。あなたの意見の根拠を本の中から探しなさい。
- ウィニーは家に帰ったときに，今までの自分と違っていることに気がついた。ウィニーはどのように変わった？　あなたの答えの根拠をあげなさい（教師が，「タック一家に会う前と後」のベン図＊をつくるとよい）。
- 成長するということはどういうことだろうか。「満足だけど，寂しいことが同時に起きている」とウィニーが話していることはどういうことだろうか。説明しなさい。

（3）進め方
- 時の流れとともに登場人物が変わる様子をベン図で示す（図8-5）。

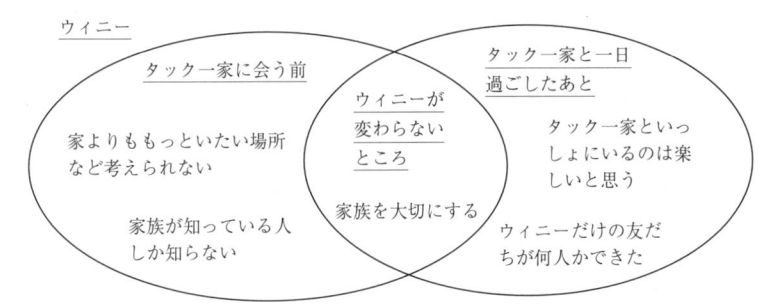

第8章 『時をさまようタック』を題材にした単元

ウィニー

タック一家に会う前
家よりももっといたい場所など考えられない
家族が知っている人しか知らない

ウィニーが変わらないところ
家族を大切にする

タック一家と一日過ごしたあと
タック一家といっしょにいるのは楽しいと思う
ウィニーだけの友だちが何人かできた

図 8-5 『時をさまようタック』のベン図

Lesson 16

ストーリーグラフ

（読書課題：第22章と第23章，pp. 111-120.）

（1）目　的
- ストーリーグラフを使って物語の変化をたどる（図 8-6）。

（2）ライティングの問い
- 『時をさまようタック』のストーリーグラフをつくりなさい。
- 繰り返される言葉を見つけなさい。どんな意味があるかを考えて書きなさい。
- 天気について作者が書いていることはどんな効果があるだろうか。ウィニーが変わったこととどんな関係があるだろうか。

（3）進め方
- ストーリーグラフは，子どもたちが物語の変化を初めから終わりまでたどるのに役立つ。
- ストーリーグラフは，時の流れとともに変化する。登場人物たちの様々な感情，相互の関係，読者の登場人物や物語やほかの要素に対する感情をたどるのに用いられる。

第Ⅱ部　実践編

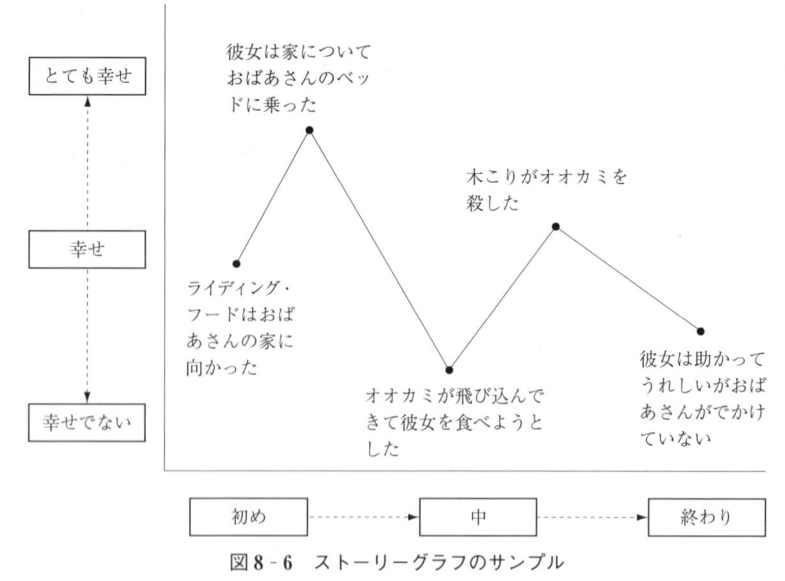

```
とても幸せ ─┐
           │         彼女は家について
           │         おばあさんのベッ
           │         ドに乗った
           │           ●
           │          ╱ ╲
幸せ ─┐    │         ╱   ╲      木こりがオオカミを
      │    │        ╱     ╲     殺した
      │    │   ●           ╲     ●
      │    │  ライディング・  ╲   ╱ ╲
      │    │  フードはおば    ╲ ╱   ╲
      │    │  あさんの家に     ●     ●
      │    │  向かった         ╲    彼女は助かって
幸せでない ─┘                   ╲   うれしいがおば
                     オオカミが飛び込んで  あさんがでかけ
                     きて彼女を食べようと  ていない
                     した

            ┌─初め─┐ ┄► ┌─中─┐ ┄► ┌─終わり─┐
```

図8-6　ストーリーグラフのサンプル

出所：Lane, B. Little Red Riding Hood. *After The End.* Heinemann, 1992.

Lesson 17
善悪の問題

（読書課題：第24章, pp. 121-126.）

（1）目　的
- 物語のできごとを手がかりにして，個人的な責任と善悪の問題という複雑な問題を探求する。

（2）ライティングの問い
- 責任と法律に従うことについて書きなさい。どんな種類のことがあり，どんな例外があるだろうか。ウィニーは，この問題にどのように立ち向かった？
- 第24章で，作者はどのような生き生きとした言葉や文を使っている？　その言葉や文があることで，この章はおもしろくなり，わくわくするようになったのだろうか。なぜそう思う？

第8章 『時をさまようタック』を題材にした単元

(3) 進め方
- 『時をさまようタック』に繰り返し現れるテーマは「責任を持つ」ということと「法に従う」こととの間の複雑な関係である。初めの話し合いはこのテーマについて話し合おう。あなたが話し合いを活溌にするために発する問いには次のようなものがあってよい。
「一人ひとりの人間はどんな種類の責任を持っている？」
「法律とは何だろうか」
「みんなが法律を理解して従ったとき、地域のみんなにどんな利益があるだろうか」
「あなたが正しいと思っていることをするためには、あなたの責任はどのように大切だろうか」
「あなたが法律に従う責任はどのように大切だろうか」
「あなたの善と悪に対する感覚が法律に反したときあなたはどうすべきだろうか。なぜ？」
- 子どもたちは、今日の読書課題を読み、ログに書き、ブッククラブで話し合う。それから終わりの話し合いで、責任と法についての話し合いを続ける。最初のライティングの問い「責任と法律に従うことについて書きなさい。どんな種類のことがあり、どんな例外があるだろうか。ウィニーは、この問題にどのように立ち向かった？」についてのレスポンスとブッククラブの話し合いで出た関連する考えを発表させて話し合わせる。
- このレッスンは社会科のカリキュラムと関連する。もし子どもたちが社会科で市民権や市民の責任について学んでいたら、ウィニーの状況と、子どもたちが学んだ市民の法律に従う責任との関係について考えさせよう。

Lesson 18

視　点

(読書課題：第25章, pp. 127-133.)

---

(1) 目　的
- 文学的な用語「視点*」を定義する。

第Ⅱ部　実践編

- 『時をさまようタック』での作者の視点の使い方について話し合う。

(2) ライティングの問い
- ウィニーが17歳になったとき，泉の水を飲むと思う？　予測しなさい。
- あなたがウィニーの立場にいたら，あなたは泉の水を飲む？　どうしてそう思う？　理由をあげなさい。
- 繰り返されるイメージがある？　それはどんな意味があるのだろうか。

(3) 進め方
- 作者は物語をどの視点から語るかを決定する。一人称の視点と三人称の視点から黒板に書こう（表8-4）。一人称の視点とは，一人の登場人物の視点で語られる物語である。この登場人物，つまり語り手は自分のことを「私」と言う。読者は一人称の語り手の視点で物語を体験する。
- 三人称の視点とは，語り手が物語の外にいるときである。この語り手は自分自身のことについてまったく語らない。この語り手は登場人物を彼とか彼女とか呼ぶ。
- 『時をさまようタック』の中から，登場人物の行動を三人称で描写する一文を書く。次にその文を一人称の視点で書き直す。また，一人称の新しい文を書いて三人称に書き直させる。
- 三人称の視点で描かれた登場人物の行動が，一人称の視点で描かれたとき，行動が変わるかどうか子どもたちにたずねる。子どもたちは，例えば，一人称で書かれた方がよりリアルだと感じるかもしれない（表8-4）。
- 子どもたちに『時をさまようタック』にどんな視点が用いられているか発見させる（三人称）。それから，同じ三人称の視点でも，三人称の語り手がただ一人の考えと感情を描写する物語があることを話す。またほかの物語には，三人称の語り手がすべての登場人物の考えと感情を描写する場合がある。子どもたちに，『時をさまようタック』は，語り手が一人の登場人

表8-4　登場人物の視点を考える

一人称の視点	三人称の視点
私は感謝してふるえる手で握手した 一人ずつ私はキスのおかえしをした	ウィニーは感謝してふるえる手で握手した 一人ずつ彼女はキスのおかえしをした

物の考えや感情だけを知っているかのように描いているか，語り手がすべての登場人物の考えや感情を知っているかのように描いているかをたずねる。実際，語り手はウィニーの考えと感情だけを描写している。作者がこの書き方を選んだことで，読者が物語を読むときにどんな効果が出ているか考えさせる。読者はウィニーが何を考えどんな感情になっているかがわかるので，子どもたちにウィニーと一体になっていることをわからせるように誘導する。この考え方をもっとよくわからせるために，もし語り手が，ウィニーではなくジェシーの考えと感情だけを描写したら物語はどう変わるかを考えさせる。

- 終わりの話し合いで，ライティングの問いに対する子どもたちの答えを発表させて話し合う。「泉の水を飲むかどうか」という問いについて論理的な根拠をあげて自分の意見を明確にさせる。また，ウィニーが17歳になったとき泉に戻ってくるかどうか予測させ，根拠もあげさせる。

Lesson 19
時の変化，物語の解決
（読書課題：エピローグ，pp. 134-139.）

（1）目　的
- 読者の心の中にまだわだかまっている複数の問いを解決するために，作家がエピローグで「時の変化」をどのように使っているかに注目させる。

（2）ライティングの問い
- タック一家が最後にツリーギャップにいたときから，時間が経っていることがわかるところをすべてあげなさい。
- ウィニーのお墓を見たとき，アンガスは，なぜ「いい女の子だね」と言ったのだろうか。

（3）進め方
- 子どもたちに「『時をさまようタック』の『主な問題やもめごと』は解決したかな？」とたずねよう。例えば，「主な問題は解決したよ。なぜなら，黄色い服の男が死んで，メイ・タックがろうやから助け出された。だから

泉の秘密は守られた」と結論づけるだろう。さらに子どもたちに、「まだ解決していない質問はある？」とたずねよう。それから「エピローグを読んだらわかるかな？」と予測させる。
- 「エピローグとは、物語の大きなできごとが終わったあとで、登場人物たちがどうなったかを書いてある、本の終わりのところだよ」と教える。
- 終わりの話し合いで「第25章を読んだときの疑問は、エピローグを読んだら解決したかな？」と子どもたちにたずねる。また「お話は本当に解決したかな？」と聞く。

（4）9週の単元との関連

第2週で、子どもたちは「もしあなたが永遠に生きることを選べたらそうするだろうか。どうしてそう思う？」という問いに答えて文章を書いた。子どもたちにその文章を見直させて、人生の輪についての考え方が変わったかどうかを考えさせよう。それから、新しく「どうして人生の輪についての考え方が変わったか、または変わらなかったか」について書かせよう。

Lesson 20

プロセスライティング*、エッセイ

(Lesson 20 は読書課題はない)

（1）目　的
- 評価するという目的のために、子どもたちに短いエッセイ*を書かせる。

（2）ライティングの問い
- あなたが泉の水を飲むことに決めたと想像してみなさい。あなたは何歳のときに飲むだろうか。どうして？

（3）進め方
- この本の主なテーマは、「永遠に生きることは望ましいことだろうか」である。子どもたちはこのテーマについて考えて意見を持たなければならない。このテーマでエッセイを書かせる。
- エッセイを書かせる前に、子どもたちに書くプロセスを思い出させる（例えば、下書きをする→書く→直す→見直して直す→完成する→発表し合う）。ま

た，エッセイの構成は，「主張を書いた導入，主張を支える根拠，結論」であることを思い出させる。教師のエッセイに対する評価は，「『時をさまようタック』をどれだけよく理解しているか」「エッセイを書くプロセスをどれだけ自分のものにしているか」の2点だと子どもたちに話す。

- エッセイを書き始める前に Evaluation Sheet 17（巻末227ページ）を配り，子どもたちがどんな観点で評価されるのかを自覚させておく。
- 子どもたちにエッセイを完成するのに十分な時間を与えて，ライティングのプロセスのすべてのステップができるようにする。
- 子どもたち同士で評価させるときには，Evaluation Sheet 19（巻末229ページ）を使う。
- 『時をさまようタック』の単元の全体の評価をするには Evaluation Sheet 16（巻末226ページ）を使う。

日本の読者へのガイド

　9週間の単元を通して子どもたちに人生について考えさせる。小学校3年生以上が対象と考えられる。
　すべてのレッスンで文学作品の多様な基本技術が理解できるように構成されている。例えば視点についてのミニレッスンを行ってからログに書かせてブッククラブで話し合わせて最後にクラスで話し合うという徹底した指導法は日本でも取り入れる必要がある。またここであげられている文学的な技術のすべては日本の教科書教材を理解するために必要であるので，このまま取り入れることができる。これらの技術を指導に取り入れると日本の子どもたちの読解力が向上し読書意欲も高まるだろう。

第9章

『戦場』を題材にした単元

1 文学的なスキルの指導

　アビ（Avi.）が書いた『戦場』はアメリカ独立戦争のときの，親に支配されまいとする，また自分ではコントロールできないできごとに絡めとられたある若者についての物語である。自分の行動が引き起こした結果と対決するというテーマのほかに話し合いの種が尽きない。いろいろなレベルの子どもたちが興味を持つに違いない。

　『戦場』は歴史的なフィクションで社会科の指導内容と関連させられる。この単元は，まず独立戦争についての調べ学習をさせて基礎知識を学ばせる。この単元を通して，子どもたちは，小説を読みながら歴史の学習や関連する文学作品と関連づけ，普遍的なテーマについても話し合える。

　ブッククラブでは，教科と教科の関連学習が大変よくできる。『戦場』の単元の15時間のレッスンは，表9-1のように社会科の全米カリキュラムの指導事項のほぼ半分に関連している。

　『戦場』の15時間のレッスンは，表9-2に示すように，本書で示したブッククラブの指導領域である理解，文学的側面，作文，言葉の技術の四領域のすべてに対応している。

　また，英語言語技術の基準（国の言語技術の基準）にも対応している（表9-2）。（　）内の数字は英語言語技術の基準の番号である。

単元のテーマ

　『戦場』の主要な登場人物であるジョナサンは，敵を倒すのに役立

第 9 章 『戦場』を題材にした単元

表 9-1 社会科のナショナル・スタンダーズ（全米カリキュラム）との関連

NCSS（全米社会科教育協議会）が定めた社会科教育の主題の要素	ブッククラブのレッスンと活動
1. 文化 社会科のプログラムは，文化と文化的な多様性についての体験を含むべきである。	第 1, 2, 3 週
2. 時間，継続性，変化 社会科のプログラムは，人間が自分自身を現在どのように見ているか，歴史的にどう見ているかについての体験を含むべきである。	Lesson 13
3. 人々，場所，環境 社会科のプログラムは，人々，場所，環境の研究についての体験を含むべきである。	第 1, 2, 3 週
4. 個人の発達と個性 社会科のプログラムは，個人の発達と個性の研究についての体験を含むべきである。	Lesson 5, 13, 15
5. 個人，グループ，組織 社会科のプログラムは，個人，グループ，組織の間の交流に関する研究についての体験を含むべきである。	第 1, 2, 3, 4～6 週
6. 権力，権威，統治 社会科のプログラムは，人々がどのようにして，権力，権威，統治の構造を創造し改善してきたかについての研究についての体験を含むべきである。	Lesson 12, 第 1, 2, 3 週
7. 製造，流通，消費 社会科のプログラムは，商品とサービスを製造，流通，消費することについて，人々がどのようにして組織してきたかについての体験を含むべきである。	
8. 科学，技術，社会 社会科のプログラムは，科学，技術，社会の相互関係の研究についての体験を含むべきである。	
9. 国際交流 社会科のプログラムは，国際交流と相互依存についての体験を含むべきである。	
10. 市民権意識と実践 社会科のプログラムは，民主的な共和制の中での市民権の理想，原理，実践についての体験を含むべきである。	Lesson 11, 14, 第 1, 2, 3 週

第Ⅱ部　実践編

表9-2　カリキュラム関連表

カリキュラム領域	『戦場』単元のレッスン
理　　解	Lesson 3：すばらしい言葉（3, 6） Lesson 4：言葉（3, 6） Lesson 5：登場人物の性格の分析（3, 6） Lesson 6：要約と物語のあらすじ（3, 4） Lesson 8：テクストとテクストの関係（1, 2, 3, 11） Lesson 10：結論を導き出す（3） Lesson 12：予備知識を築く（1, 3） Lesson 13：結果を予測する（3, 6） Lesson 14：物語全体を分析する（3, 5, 11） Lesson 15：まとめのエッセイ（3, 4, 12）
文学的側面	Lesson 1：リーディングログとチェックリスト（3, 5） Lesson 2：作者の目的（3, 6） Lesson 5：登場人物の性格の分析（3, 6） Lesson 7：視点（3, 4, 5, 6） Lesson 11：サスペンスとクライマックス（3, 6） Lesson 14：物語全体を分析する（3, 5, 11）
作　　文	Lesson 1-14：毎日ログを書くこと（3, 5, 6, 12） Lesson 14：物語全体を分析する（3, 5, 11） Lesson 15：まとめのエッセイ（3, 4, 12）
言葉の技術	Lesson 1：リーディングログとチェックリスト（3, 5） Lesson 9：なめらかに読めるか（4, 12）

ちたいと思っているが，戦争の暴力に慣れてはいない。この小説は24時間のできごとを描いている。この短い時間に，ジョナサンは戦争のむなしさに気づく。むしろ，戦争はもっと複雑な状況で，人々は勇敢に戦っているが恐れや喪失感や怒りや混乱や敵に対する同情すら経験する。この本は，勇気の意味，戦争がもたらすもの，成長するとはどういうことか，ということへの話し合いに導く。

　この単元の中で，テーマについてのビッグクエスチョン[*]は次の通りである。
・困難な経験をすると，人は人生がよくわかるようになるという。どうしてだと思う？
・戦っている人たちにとって，戦争とはどういうものだと思う？
・よい兵士とは，どういうものだと思う？

第9章 『戦場』を題材にした単元

表9－3 単元「戦場」の学習活動における7週間の概要

第1週 予備知識を築く
- アメリカ独立戦争について子どもたちが知っていることをおさらいする (1, 3, 11)。
- アメリカ独立戦争について、クラス全体で「知っている、知りたい、わかった チャート」をつくり始める (3)。
- 教師が、アメリカ独立戦争に従軍した10代の少年の実話「若い愛国者」を音読する。

第2週 調査
- ブッククラブのグループごとに、「KWLチャート*」の「知りたい」ことについて調査する (1, 7, 8)。

第3週 発表
- それぞれのグループは、自分たちが調べたことについて発表する準備をする (4, 6, 8)。
- それぞれのグループがクラスで発表する (4)。
- 発表された新しい情報を「KWLチャート」に加える (3)。
- 教師は「サム兄さんは死んだ」を音読し始める (1, 2)。

第4～6週 ブッククラブレッスンプラン
- 子どもたちは、ブッククラブのグループごとに分かれて『戦場』を読んで話し合う (1, 4, 6, 11)。
- 子どもたちは、自分たちの書いたリーディングログを見ながらグループごとに話し合う (3, 4)。

- 子どもたちは「おもしろい言葉」をこの小説から抜き出し、模造紙に書いて貼る「言葉の壁」を創造する (3)。
- 子どもたちは「主な登場人物」の個性について分析する (6)。
- 子どもたちは、小説の要約を書いて、小説の視点とは違った視点から再話する (4, 6)。
- なめらかに読む力をつけるために、子どもたちはこの小説の一部を音読する (4)。
- 子どもたちは、小説の中の創作されたフィクションの情報と、アメリカ独立戦争についてのエッセイに書かれた歴史的な情報とを比較して総合する (3, 5, 11)。

第7週 読者の劇場
- それぞれのブッククラブのグループは、この小説の中から「読者の劇場」で発表するための好きな場面を選ぶ。
- 子どもたちは、台本を書くプランを立て、台本を書き、台本全員の前で劇をやる (4, 6, 12)。
- 練習をし、クラス全員の前で劇をやる (4, 6, 12)。

注：この単元は、英語言語技術の基準に関連している。（　）内の数字は英語言語技術の基準の番号である。

第Ⅱ部　実践編

- 小説や物語を読むと，どうして昔のことがよくわかるようになるのだろうか。

2　単元の学習活動

◉**第1週　予備知識を築く**

- アメリカ独立戦争についてどんなことを知っているか子どもたちにたずねて，子どもたちが持っている予備知識*を活性化させる。例えば，次のようなことをたずねる。
  - ——アメリカ独立戦争はいつ起きた？
  - ——そのとき，アメリカ合衆国は一つの国だった？
  - ——どんなもめごとや争いが戦争を引き起こすと思う？
  - ——どんな人たちが戦争で戦っていた？
  - ——兵士たちはどんな武器を使っていた？
  - ——戦争が終わった後はどんなことになった？
- クラスでつくる「KWL チャート*」（知ってる，知りたい，わかったチャート）の中で，子どもたちがアメリカ独立戦争について「知ってる」ことをまとめる。それから子どもたちに，もっと「知りたい」ことをたずねて，子どもたちの問いを「知りたい」の欄に書く。例えば，子どもたちは，アメリカ独立戦争のときに，男の子たちや女の子たちがどんな暮らしをしていたかとか，女性たちは戦争でどんな役割を果たしたかとか，民兵たちはどんな武器を使ってどんな戦術を使ったか知りたいと思うかもしれない。クラスでつくったチャートを，子どもたちは自分の Think Sheet 10（巻末207ページ）に書き写す。
- 10代の少年の従軍体験を描いた『若い愛国者』の第3章「火薬の匂い」を音読する。単元の終わりでよく似た状況を描いた『戦場』との関連について話し合う。
- また，アメリカ独立戦争の時代にジョージ・ワシントンを救った勇敢な少女を描いた絵本『ライチョウと将軍』を読む。子どもたちは，この絵本によって，この時代背景についての知識を深めるだろう。

136

- 2冊の本を音読したあとで、新たに子どもたちから出た「知りたいこと」を「KWL チャート」に書き込む。

◉第2週　調査
- 子どもたちをそれぞれのブッククラブのグループに座らせる。グループごとに、「KWL チャート」から、ほかのグループとかち合わないようにして、一つか二つの「知りたい」ことを選んで、協力し合って答えを見つけるように説明をする。
- 調べ学習をするために、教科書や図書館の本や百科事典やインターネットなどの多様な情報源を使うよう、子どもたちにすすめる。子どもたちはノートをとりながら協力し合って情報を集める。
- 教師はアメリカ独立戦争に関する絵本を音読する。

◉第3週　発表
- 子どもたちに、集めた情報を整理して発表させる。グループごとに発表の形式とやり方を決めさせる。レポートや劇や人物マップや物語の進行表や壁に描く絵や工芸品の展示や等身大の兵士の絵を切り抜いたものやポスターやチラシなどの発表方法がある。
- 発表の前に、発表がどう評価されるか理解させるために、子どもたちと「どんな発表のしかたがよいか」という評価基準について話し合っておく。
- それぞれのグループの発表の後で、クラスの「KWL チャート」の「わかった」のところに新しい情報を書き加える。
- 『サム兄さんは死んだ』の音読を始める。ブッククラブの話し合いをやっている間はこの本の音読を続ける。

◉第4～6週　ブッククラブレッスンプラン
- 140ページ以降のブッククラブレッスンプランを参照のこと。

◉第7週　読者の劇場
- 教師が子どもたちに「『戦場』のシーンの中から好きな場面を選んで劇をや

るんだよ」と話す。物語の一部分をもとに台本をつくるが，せりふを完全に暗記しなくてもよい。小道具や衣装は簡単なものでよい。時間は短く5分から7分がよい。Evaluation Sheet 18（巻末228ページ）を配って，子どもたちに「どうすればよいのか」について明確な指針を与えよう。

- 『戦場』のどの部分でリーダーズシアター*をやったらよいか，子どもたちと話し合おう。重要なことは，動きと会話をたくさん入れて観客を退屈させないことである。そういう意味で，『戦場』の冒頭の場面はリーダーズシアターに適していない。なぜなら，ジョナサンがずーっと考えている場面で動きも会話もないからだ。酒場での場面の方が動きや会話がふんだんではるかに興味深いだろう。

- ブッククラブのグループごとに，この小説の中から好きな場面を選ばせよう。それぞれのグループが好きな場面を選び終わったら，グループごとに相談し合って台本を書き始めさせよう。まず，教師が小説を台本に書き換えるモデルを見せよう。どうやって物語の文体を会話文に直すか，台本には不必要な部分をどうやって選んで削除するかを，教師がやって見せよう。「彼女が言った……」とか「彼が言った……」はもちろん削除するし，長い描写文も劇にしたときは動きがもたもたするのでカットすることも子どもたちにやって見せよう。

- 台本が完成したら，「よいプレゼンテーションのスキル」について子どもたちと話し合おう。アイコンタクトとか，音調や音量，そして言葉をはっきり発音することなど。

- グループの中で台本を読む時間を子どもたちに与えよう。教師は，グループからグループへ歩いて，アドバイスや支援をしよう。特に，だらだらと長い台本を書いているグループがいたら注意をする。

- 子どもたちが台本で演技をする前に，子どもたちに，どうしたら注意深く思いやりのある聴衆になれるかを話そう。例えば，
  ——役者たちが舞台の上にいる間は，音を立てたり私語をしてはいけない。演技するときはだれだって神経質になる。聴衆がうるさいと役者が失敗するときがあるよ。
  ——注意深く聞きなさい。役者たちが正しくない言葉を使ったとき，役者た

第 9 章 『戦場』を題材にした単元

　　ちの言葉をよく聞いて理解しようとする特別な努力が必要になるからね。
　——集中しなさい。ほかの子どもたちが演技をしているとき，部屋の中を見
　　回したり空想にふけったりしない。
　——演技が終わったら拍手してクラスメイトを応援していることを見せなさ
　　い。
- すべてのグループにリーダーズシアターの演技をする機会を与える。

第Ⅱ部　実践編

ブッククラブレッスンプラン

『戦場』のあらすじ

　13歳のジョナサンは，アメリカ独立戦争で英国軍と戦いたかった。お父さんは反対したがジョナサンはお父さんに相談せずに入隊した。

　ジョナサンは誇り高く戦場に向かって行進した。敵はどう猛でならした傭兵だった。瞬く間に親しい友人が殺された。気が動転したジョナサンは森に逃げ込んだが捕虜になった。

　小さな丸太小屋に閉じ込められていたとき，親を殺された小さな男の子を見つけた。ジョナサンはその子を連れて脱走して部隊に戻った。

　部隊の伍長はジョナサンに傭兵を殺す手助けをしろと言ったが，ジョナサンはいやがった。傭兵は敵だがジョナサンを傷つけなかったのだから殺されるのを見たくなかった。そこで，伍長が傭兵を襲撃する前に，ジョナサンは傭兵に降伏するように言おうと思った。ところが傭兵は殺されてしまった。落胆したジョナサンは誇りに思っていた銃を壊し親のいる家に帰った。

Lesson 1
リーディングログとチェックリスト
（読書課題：午前9：58〜午前11：00, pp. 3-15.）

（1）目　的
- リーディングログの形式と記入事項のおさらいをする。
- リーディングログのチェックリストを子どもたちに紹介して，ログに書き込むことが多様になるよう自分のログを自己評価させる。

（2）ライティングの問い
- アメリカ独立戦争について今までに学んだこととこの物語とを結びつけなさい。あなたのアメリカ独立戦争についての知識に基づいて，これからこの物語がどうなっていくか，いくつかの予測をしなさい。
- ジョナサンはどうして「戦争で戦いたい」と強く願ったのだと，あなたは思う？
- あなたが今までやったことのない問いを選びなさい。

第 9 章　『戦場』を題材にした単元

（3）授業のヒント
　リーディングログに子どもたちが書くことは，子どもたちが自分で考えた個人的な意見を反映していなければならないことを強調しよう。まず，チェックリストを見ないで，自分の意見を書かせる。それからチェックリストを見て，ほかの答え方にもチャレンジさせよう。個性的な自分だけの意見を書かせることが一番大切である。

（4）進め方
- 子どもたちがライティングの問いに答えるためには，この小説を読む前に，調べ学習で，背景となる知識を収集しておく必要がある。
- 子どもたちに，読者が本を読んで反応するには，いろいろなやり方があることを話す。今年のクラスの目標の一つは，できる限り多くのレスポンスのしかたを身につけることであることを話す。
- Think Sheet 11（巻末208ページ）には典型的なレスポンスのタイプがあげられている。このほかの新しいレスポンスのタイプを発見した子どもたちがいたらクラスで発表させよう。
- Think Sheet 8（巻末206ページ）のコピーを配り，シートに載っているレスポンスのタイプのおさらいをする。
- 子どもたちが読書課題を読み終わって，ライティングの問いに答えたあとで，このあとどんな話になるか予測させる。クラスの話し合いのときに希望する子どもに予測を発表させる。子どもたちが考えたことを明確にさせ，物語の中に書かれている情報と，子どもたちの予備知識と，ほかの本を読んだ経験とを関連づけさせる。

Lesson 2
作者の目的
（読書課題：午前11：30～午後1：05，pp. 16-28.）

（1）目　的
- 子どもたちが，本の文体や表現形式，作者が本を書いた目的についてよく考えられるように手助けをする。

- 子どもたちが，主な登場人物たちの置かれている状況をはっきり理解できるようにさせる。

(2) ライティングの問い
- 今までに親の言うことに逆らって行動したことがある？　あなたが親に反抗して行動したことは，今日の読書課題の中でジョナサンがやったこととどこが似ていてどこが違うだろうか。
- 作者がこの本を書いた目的は何だと思う？

(3) 進め方
- 作者たちが，しばしば「書く目的」や「書く理由」を持っているのはなぜかを話し合おう。本の中には，作家がなぜその本を書きたいと思ったか，手がかりがあることが多いことに気づかせよう。
- クラス全体で，『戦場』が24時間の間に起こったことを描いていて，その時刻が各章のタイトルになっていることを確認する。このように一分ごとに読者にできごとを伝える作者の目的は何か，子どもたちに考えさせよう。次のことを子どもたちに考えさせよう。
  　――初めて戦争を経験した一人の登場人物の24時間のできごとを描写するのはなぜおもしろいのだろうか。
  　――この物語は普通の歴史物語とどこが違うだろうか。
- 各章のタイトルが時刻になっていることが，読書課題を読むときにどんな役に立つのだろうか。子どもたちにたずねよう。子どもたちが感じた印象をブッククラブの話し合いやクラスの話し合いで発表し合おう。
- 子どもたちは，ライティングの問い*についても，自分たちの答えをブッククラブの話し合いやクラスの話し合いで発表し合う。
- 時刻ごとにジョナサンの行動を描写する書き方はどんな効果をもたらすだろうか。子どもたちに，この時刻ごとに行動を描写する書き方は，ジョナサンと一緒に体験するような感じがしないかをたずねよう。またこの書き方は，作家が「書く目的」を達成するのに一番よい方法かどうか，子どもたちに考えさせよう。

(4) ほかの教え方
　今日の読書課題の中で，一つか二つの描写的な一節に子どもたちの注意を向

けさせる。例えば25ページの嵐が来る前の静かさを描写したようなところである。この描写の中で，この状況のどんなところが強調されているか，子どもたちにたずねる。この描写によって，高まっていく緊張感と不安がどのように生み出されるのか子どもたちに考えさせる。

（5）「作家の目的」についての子どもたちのログの記述の例

『戦場』

私は，作者がこの本を書いた理由は，「13歳の子どもが戦争に参加するとき，どんな気持ちになるか」，そして「戦争とはどういうものか」を，作者が子どもたちに知らせたかったからだと思う。

Lesson 3
すばらしい言葉
（読書課題：午後1：30～午後2：41, pp. 28-41.）

（1）目　的
- 子どもたちが読んでいるときに，おもしろく，楽しく，珍しく，難しい言葉や表現を見つけて記録できるように手助けをする。
- 子どもたちが言葉や表現に注目することは，物語の中の登場人物たちやできごとを理解するのに，どのように役立つかを話し合う。

（2）ライティングの問い
- この物語で「戦場」とはどういうことを言っていると思う？　なぜそう思ったか理由を説明しなさい。
- 戦いはこれからどうなると思う？　この戦争について，あなたたちが調べてわかったことをもとにして考えなさい。
- あなたがこの部分を読んで見つけた「すばらしい言葉」を書きなさい。
- この部隊の隊長である伍長はどんな人だと思う？　好き？　嫌い？　伍長がどんな人かわかるような文を探しなさい。

（3）進め方
- リーディングログで文学に反応する一つの方法は，テクストの中のおもしろい，ゆかいな，普通じゃない，わかりにくい「すばらしい言葉」のリス

- なぜこのレスポンスは役に立つかを話し合おう。例えば，その言葉の定義がわかるとライティングのときに使える。登場人物の重要な考えや感情がわかる。こういう言葉について考えると，ブッククラブで登場人物や物語についてもっと深く理解することができる。
- 今日読むところで，教師がいくつかの言葉を取り上げて，言葉探しのモデルを見せよう。Think Sheet 12（巻末209ページ）を配る。
- ブッククラブのグループで話し合うときに，子どもたちに心に残った言葉について発表させよう。子どもたちは，その言葉がわかることで登場人物の性格や行動がわかりやすくなった理由を話さなければならない。
- 終わりの話し合いで，子どもたちに「言葉の壁」をつくり始めさせよう。模造紙を壁にはってもよいし，移動式のホワイトボードに書いてもよいし，黒板の隅に書いてもよい。単元が終わるまで掲示して，だんだんに新しい言葉を加えていく。

Lesson 4

言　葉

（読書課題：午後2：43～午後3：05, pp. 42-53.）

（1）目　的
- 本を読んでいるときに出会った新しい言葉のために，Think Sheet の使い方を紹介する。
- ジョナサンが初めての戦闘に参加したときの反応について，子どもたちが分析できるように支援する。

（2）ライティングの問い
- 戦いの間にジョナサンが考えたことと感じたことについて書きなさい。あなたがジョナサンと同じような場面にいたら，どのように感じるだろうか。
- 『戦場』の中に出てくる「よく意味のわからない言葉」や「おもしろい言葉」について書きなさい。
- 傭兵とアメリカ兵を比べてどこが違うか書きなさい。

（3）進め方
- Think Sheet 12（巻末209ページ）「『すばらしい言葉』から学ぼう」を配る。子どもたちに「よく意味がわからなかったり，興味が起きたりした言葉をこのシートに書きなさい」と言う。黙読が終わった後で，ブッククラブのグループや終わりの話し合いでシートに書いた言葉について話し合ったり，わからない言葉は辞書で意味を調べたりする。また，辞書を引かないでブッククラブでその言葉の意味について話し合う方法もある。教師が，文章の手がかりを使ってわからない言葉の意味を探り当てるモデリング*をするとよい。
- 子どもたちに「アメリカ独立戦争について，今まで知っていたことが，この本を読むときに役に立った？」「この本の中のどこがおもしろかった？」とたずねる。
- 終わりの話し合いで，子どもたちは「特におもしろい」と思った言葉について発表し合う。その言葉は「言葉の壁」に加える。この言葉を，これからのブッククラブで使うように勧める。毎日付け加える言葉の数は2〜3個がよいだろう。
- 子どもたちに，ジョナサンと同じように緊張した状況に置かれたらどうするか意見を言わせよう。

Lesson 5
登場人物の性格の分析
（読書課題：午後3：16〜午後4：01, pp. 54-63.）

（1）目　的
- 作家が登場人物を物語の進行に合わせて変化させる基本的な方法を学ぶ。

（2）ライティングの問い
- ジョナサンが戦いから逃げ出した後で，ジョナサンはどんなことを考え，どんな感情になっていただろうか。
- ジョナサンをとらえた三人の傭兵について，ジョナサンはどんなことに気づいただろうか。傭兵たちはジョナサンをどんなふうに扱っただろうか。

(3) 進め方
- 作者が登場人物を描写するにはどのような方法があるかを子どもたちにたずねよう。作者は，登場人物の考えたことや行動や発言を通して，登場人物を描写していることを理解させよう。
- 今までに子どもたちが読んだ中で，登場人物の考えや感情などを描写しているところについて，具体的な例をあげて話し合おう。
- 終わりの話し合いで，ジョナサンが戦いから逃げ出したすぐ後で，ジョナサンの心の中にどんな思いが起こっていたか，子どもたちにたずねよう。
  ——ジョナサンは，どんな疑問や疑いを持っただろうか。
  ——このとき，ジョナサンは自分自身についてどう思っていただろうか。
  ——ジョナサンが軍隊に入る前と比べて，脱走したときに考えていたことと気持ちはどう違うだろうか。

Lesson 6
物語の内容を要約しておさらいをする
(読書課題：午後4：10〜午後5：30, pp. 64-75.)

(1) 目 的
- 子どもたちが物語の内容を理解しているかどうか確認する。
- どうすれば効果的に物語を要約できるか話し合い，教師がモデルを見せる。

(2) ライティングの問い
- 子どもたちに自由に選ばせる。

(3) 進め方
- 「物語の重要なできごとを自分の言葉で言い換えて」物語を要約すると，読者は物語をよりよく理解できるようになる。要約を創造することによって，物語のできごとに新しい光が当たって，読者が本当にはよくわかっていなかったことを発見することもできる。要約をすると，子どもがほかの子どもに再話*することも上手になるし，明確で簡潔な作文の練習にもなる。
- 子どもたちが読書課題を読んで，ログに記入した後で，ブッククラブの話し合いをする前に，クラス全体で「どうして要約することは大切なのか」

ということを話し合おう。
- 子どもたちに，ブッククラブのグループで，今読んだところから四つか五つの重要なできごとを抜き出させよう。それからクラス全体で，そのできごとを重要なできごとと，それほど重要でないできごとに分けさせよう。重要なできごとからどんなことがわかるか，重要でないできごとからどんなことがわかるか話し合わせよう。
- クラスで話し合って決めた「五つの重要なできごと」を元に，教師が今日読んだ部分の要約のモデルを書いて見せよう。教師は，書きながら「声に出して考える*」，要約から省いた細部について，なぜ省いたのか説明する。

Lesson 7
視　点
（読書課題：午後5：40～午後6：35, pp. 76-88.）

（1）目　的
- 子どもたちに視点に注目させ，視点*が物語にどんな効果を与えているかが理解できるように助ける。

（2）ライティングの問い
- 物語の中から，ジョナサン以外の一人の登場人物を選んで，その登場人物の視点で今までの話を再話しよう。
- ジョナサンは傭兵に対してどんな感情を持っていただろうか。どうしてあなたはそう思った？

（3）進め方
- 物語が書かれるときの様々な「視点」について説明しよう。一人称で書かれている物語の場合，語り手は「私」か「私たち」を使い，自分自身が物語の中で行動に参加しているか，直接に物語の中の登場人物たちの行動を観察している。三人称で書かれた物語の場合は，語り手は「彼，彼女，彼ら」を使い，通常は物語の登場人物たちの行動の外にいる。
- 物語の中には，語り手がたった一人の登場人物だけの個人的な考えや感情を書き表している場合もあることを教えよう。語り手が一人称で書かれて

第Ⅱ部　実践編

いれば，たいていの場合，語り手自身の考えや感情が描かれている。ほかの物語では，語り手の視点は全知全能の神のようで，語り手はすべての登場人物たちの個人的な考えや感情をあらわにすることができることもある。
- 子どもたちに『戦場』の視点について考えて発表させよう。この『戦場』がほかの登場人物の視点で語られていたら，この物語はどのように変わるか子どもたちに考えさせよう。その場合，どんな情報が失われて，どんな情報が新たに加わるか考えさせよう。
- 終わりの話し合いで，視点についての話し合いを続け，もしほかの登場人物の視点で語られていたら物語はどのように変わるか話し合おう。

── Lesson 8 ──
テクストとテクストの関係*
（読書課題：午後6：45〜午後7：40, pp. 89-99.）

(1) 目　的
- 今読んでいる本をより深く理解するために，ほかの本で読んだり映画で見たりした知識を役立てる。

(2) ライティングの問い
- この本と，アメリカ独立戦争についてあなたが今までに読んだ本や見た映画とを比べてみなさい。どこが似ていてどこが違うだろうか。

(3) 進め方
- 「テクストとテクストの関係」という読み方について子どもたちに話そう。ほとんどの本や映画は，ほかの本や映画を思い出させることを話し合おう。そして，本とほかの本や，本と映画を比べて考えると，テーマや登場人物についての理解が深まることについても話し合おう。
- 『戦場』をテーマ単元の中で扱っていて，ほかの戦争をテーマとした本や，若者が困難な体験を通して重要な教訓を学ぶことをテーマとした本と一緒に読んでいるときは，子どもたちがテーマの関連した本との関係について考えるように助けよう。
- 『戦場』とテーマが関連するほかの本を比較して，似ているところと違う

第9章 『戦場』を題材にした単元

```
         『＊＊』

    B         C
         A
『戦場』    D    『サム兄さんは死んだ』
```

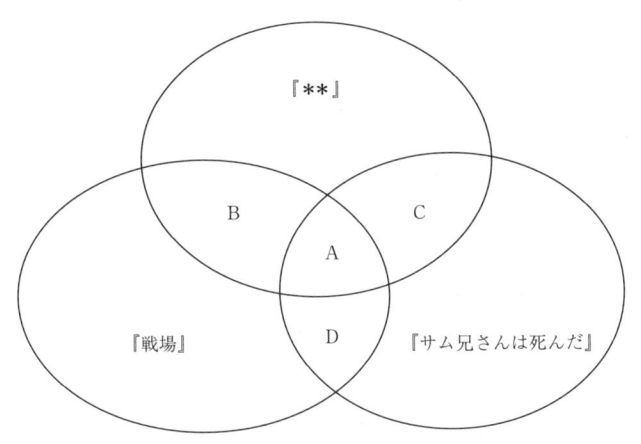

図9-1 『戦場』のベン図

訳注：(1) 『＊＊』はもう1冊の関連する本のタイトルである。
訳注：(2) 円が交わるところには次のことを書く。
　　　　　A：3冊の本に共通すること
　　　　　B：『戦場』と『＊＊』の共通すること
　　　　　C：『＊＊』と『サム兄さんは死んだ』の共通すること
　　　　　D：『戦場』と『サム兄さんは死んだ』の共通すること
　　　　円が交わらないところには，それぞれの本がほかの本と違うところを書く。

表9-4 『戦場』の共通するところと違うところ

本の名前	共通するところ	違うところ
『戦場』		
『サム兄さんは死んだ』		
『＊＊』		

ところを発見させ，次にそれを図9-1のようにベン図で図解させよう。表9-4のような形で比較してもよい。

- 本と本を比べるには，登場人物たちの個性，テーマ，プロット*，セッティング*，コンフリクト*，語彙，イラスト，作者が書いた目的，などのような

要素を比較するとよい。
（4）子どものサンプル：感情と「似ているところ・ちがうところ」

> 『戦場』
> **気もち，似ているところ・違うところ**
> ごちょうがこうふんしすぎて馬から落ちたところとか，さいごの章のいくつかの場面がおもしろかった。ごちょうはいつも大声でどなって命令するから，兵士たちもびっくりしたり，びくびくしたり，こうふんしてしまう。兵士たちはジョナサンがわかいからばかにしたり，からかったり，いじめたりする。
> **『戦場』のジョナサン**
> どちらも独立戦争にまきこまれた。
> ジョナサンもマシュウもごみみたいにされてばかにされている。
> **『ジョージ・W・ソックス』のマシュウ**
> ジョナサンはほんとうに独立戦争に参加したがマシュウは違う。
> マシュウは銃の使いかたを知らなかったが，ジョナサンは知っていた。

Lesson 9
なめらかに読めるか
（読書課題：午後8：15〜午後11：25, pp. 100-112.）

（1）目　的
- 子どもたちがなめらかに読めるようにする。またほかの子どもの読み方がなめらかかどうか評価できるようにする。

（2）ライティングの問い
- 今日読んだところで，あなたはジョナサンは勇気があると思う？　どこのところからそう思った？
- あなたは，ジョナサンはよい兵士だと思う？　どこのところからそう思った？

（3）授業のヒント
　全部の生徒を評価するのは大変だから，今日は十人だけ評価し，明日は別の十人を評価するというふうにやるとよい。

第9章 『戦場』を題材にした単元

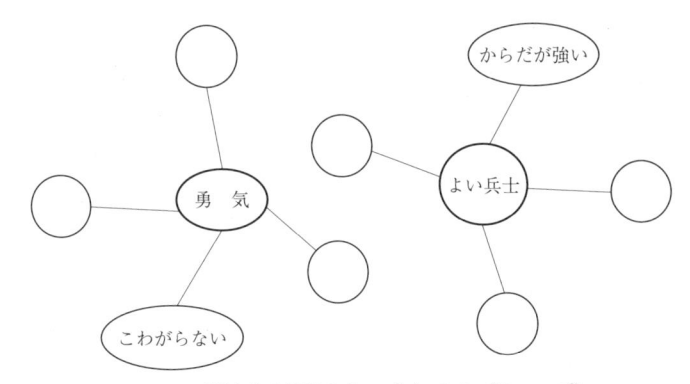

図9-2 関連する言葉のウェブ（コンセプトマップ）

（4）進め方
- 「なめらかな話し方とは，はっきりと，つっかえないで，わかりやすく話すことだよ」と，子どもたちに説明しよう。そしてチャート（模造紙）になめらかな音読のしかたのすべての要素を書こう。
- 「声の強さ，上がり下がり，声の調子，きれいな声，句読点のところで休むこと，速すぎない，遅すぎない」——これらについて，モデルをやってみよう。例えば，黒板に質問文を書いて，最初は終わりを上げないでたいらに読む。次に終わりをあげて読んで，子どもたちに終わりをあげるとどう違うかを答えさせる。この小説の一節をなめらかに読んでみてモデルを見せよう。
- 子どもたちをペアにしよう。チャートに書いてあるなめらかな音読のしかたの要素を思い出させる。ペアの片方の子どもがもう片方の子どもに前の時間に黙読したところを音読する。音読が済んだら聞いていた子どもは建設的で役に立つアドバイスをする。建設的なアドバイスのしかたがわからなかったら教師が子どもとペアを組んでロールプレイでモデルを見せる。教師は Evaluation Sheet 3 （巻末214ページ）で子どもの音読を評価する。
- 読書課題を黙読しログに書きブッククラブの話し合いをする。終わりの話し合いで，子どもたちにアイディアを出させながら「勇気」と「よい兵士」について関連する言葉を図9-2のようにウェブに書く。それから，「ジョナサンは勇気があるか」「ジョナサンはよい兵士か」について子ども

第Ⅱ部　実践編

たちに意見を出させて話し合わせよう。

Lesson 10
結論を導き出す

（読書課題：午後11：35，pp. 112-121.）

（1）目　的
- 小説の細部の表現を使って，結論を導き出せるように指導しよう。

（2）ライティングの問い
- 小説の中でこのときに，ジョナサンの戦争に対する態度は変わったと思う？　どこからそれがわかった？
- 伍長の態度を分析しよう。

（3）進め方
- 結論を導き出す「理解のスキル」についておさらいをしよう。読者がテクストから受け取る情報は，必ずしも作者がはっきりと書いていない場合があることを子どもたちに話そう。読者はテクストに書かれている「手がかり」を使って，テクストに書かれていることを超えた「結論」を導かなければならない。このやり方のモデルを教師が示そう。例えば，104ページの「ジョナサンは引き金を引いて銃を持ち上げた」というところから，教師がこの場面の最後まで音読をする。そして，「なぜジョナサンが傭兵を撃つことができなかったのか」という問いについて結論を導き出そう。一つの手がかりは，ジョナサンは，「路上で戦闘があったとき負傷したり死んだ兵士たちがいたこと」を目の前で見たことを思い出したからである。
- 今日の読書課題を，子どもたちが読み終わってから，「今日読んだところでは，どんな新しいことが起こった？」と聞こう。「ジョナサンは，伍長と戦争について，どんなことに気づき始めたか」結論を導き出させよう。
- 物語で今どんなことが起こっているか理解させるために，作者が書いた手がかりを使うように教えよう。子どもたちに，「自分の考えを言うときには，文章の中から具体的な例をあげて根拠にするんだよ」と言おう。子どもたちにこんな質問をしてみよう。

——ジョナサンが伍長に自分のことを話したときに，伍長の言った言葉にジョナサンはびっくりした。どうしてジョナサンは心配になったのだろうか。

　　——ジョナサンの心の中に起こった「ばかげた考え」とはどんなものだと思う？

- 黒板か模造紙に，質問と子どもたちの答えを書く。また，子どもたちが文章のどこを根拠にして「結論を導いた」か，具体的な根拠となる文を書き込む。
- 「結論を導くことをやって，どんなよいことがあったかな？　急いでざーっと読むのとどこが違う？　詳しくていねいに文章を読むと，お話がもっとよくわかり，登場人物のこともよくわかるようになるよね。これからは，読んでいてわからないことがあったら，そのままにしないで，よく文章を読み直して結論を導き出そうね」などと，授業の終わりに子どもたちに問いかけよう。

Lesson 11
サスペンスとクライマックス
（読書課題：午後11：50～午前5：30，pp. 121-134.）

(1) 目　的
- 物語の中で作家がサスペンス*を高めるためにどんなテクニックを使っているかについて説明する。
- 物語の構造とクライマックス*についておさらいをする。

(2) ライティングの問い
- ジョナサンと伍長はどうやって仲よくやっていただろうか。
- 今日読んだところでは，兵士になるということはどういうことだとわかる？

(3) 進め方
- 子どもたちに，サスペンスとは「どんなことが起こるか，好奇心が起きてどきどきしたり，どんな困ったことが起こるか，不安でどきどきしたりす

ることだよ」と話す。作者は，サスペンスを高めるために，読者におかしいな，変だなと思わせたり，こわがらせたり興奮させたりするようなことを詳しく書く。

- この考え方がよくわかるように，嵐が来そうな雲の様子の描写とか，軍楽隊の太鼓や横笛の音がどんどん大きくなっていく様子とか，伍長がいらいらして命令する様子とかについての詳しい描写がサスペンスを高めていることを考えさせよう。
- この小説で，今までに読んだ部分でほかのサスペンスの例をあげさせて話し合おう。今日の読書課題を読んでいて，どんな問いが心の中に生まれたか子どもたちにたずねよう。次のような問いを使って話し合いを導こう。
  ——作家が使う，どんな言葉や表現がサスペンスの感情を引き出すだろう？
  ——アメリカ兵の部隊に戻ってきたとき，ジョナサンはどんな感情になっただろうか。どうしてそう思う？
  ——ジョナサンがもったこわいという気持ちは，物語のサスペンスを高めているだろうか。物語に書いてあることをもとに，なぜそう思うか理由を説明しなさい。
- 昨日の読書課題について，「アメリカ兵たちが丸太小屋に戻ってきたときどんなことが起きると思う？」と聞こう。作者がつくり出すサスペンスによって，読者がもっと続きを読みたいと思う気持ちになることにも気づかせよう。
- ここで，子どもたちと物語の構造について話し合おう。物語のクライマックスとは，緊張がもっとも高まったときで，主な登場人物が決定的な決定をするときだということを再確認しよう。子どもたちに，「次の場面を読むときに，クライマックスを探そう」と呼びかけよう。

第9章 『戦場』を題材にした単元

> **Lesson 12**
> 予備知識を築く
> （読書課題：午前5：35〜午前6：10, pp. 134-146.）

（1）目　的
- アメリカ独立戦争で，フランス人とトーリー党とホイッグ党が果たした役割について知っていることを話し合う。
- 子どもたちが，小説に書いてあることと自分自身を結びつけて読めるように助ける。

（2）ライティングの問い
- あなたは，ジョナサンのように「したくなかったのにやらなければならないことをやったこと」がある？　どんなときどんなことをやった？　あなたがそのときどんな気持ちになったかも書こう。
- アメリカ独立戦争に巻き込まれた人々にはどんなグループがいた？
- 今日読んだところで起きた主なできごとを順に書きなさい。この物語のクライマックスはどこで，どんなことが起こった？

（3）進め方
- この本では，ドイツ人傭兵とトーリー党について触れているところがたくさんあるので，子どもたちとアメリカ独立戦争の背景にある歴史的事実について詳しく話し合おう。
- ブッククラブの話し合いでは，「子どもたちが，やりたくないのにやらなくてはならなかった」体験について話し合おう。それぞれのグループでは，この小説の背景にある歴史的情報について，クイズを出し合ったり，黒板や模造紙に歴史年表をつくったりして話し合わせよう。また，終わりの話し合いでクラス全体で話し合ってもよい。それに加えて，どうして私たちは，時々難しかったりやりたくないことをやらなければならないのか話し合おう。そういう体験は個人の成長にどんな影響があるだろう。

第Ⅱ部　実践編

Lesson 13
結果を予測する

（読書課題：午前6：13～午前10：30, pp. 146-152.）

（1）目　的
- 子どもたちが「予測するスキル」を使って「物語の結末」を予測できるように励まそう。

（2）ライティングの問い
- ジョナサンはなぜ銃を壊したと思う？　銃はどんなもののシンボルだったのだろうか。
- あなたはこの物語の終わり方に満足した？　どうして満足した？　どうして満足しなかった？

（3）進め方
- 子どもたちが読み進めて，物語の結末に近づいたとき，「この物語はどんな終わり方をするだろう？」と予測することは，読みを深めるのに役立つし，興味深いことだと気づかせよう。『戦場』の結末を予測させるための準備として次のようなことを聞いてみよう。
    ——物語全体の流れの中で，今どんなところを読んでいる？
    ——物語の終わり方を予測するには，物語がどう組み立てられているかという「物語の構造」を知っていると役に立つよね？　この物語はどんな構造になっているだろうか。ほかにも同じような構造の物語を知っている？
    ——主な登場人物「ジョナサン」とほかの登場人物はどんな関係があるだろうか。
    ——ジョナサンはどのように変わった？
    ——ほかに，終わり方が予測できるような手がかりを作者は書いていないだろうか。
- 子どもたちが結末を読む前に，物語がどんな終わり方をするかクラスでブレインストーム*させよう。黒板にみんなのアイディアを記録する。次にクラスで，それぞれの予測についてどれがよいか話し合いをさせよう。特に，

第9章 『戦場』を題材にした単元

　物語のできごとがどのように継続しているかに注目させよう。子どもたちが提案したいくつかの終わり方の「どれが本当らしいか，どれが本当らしくないか」を分析させよう。また，作者がジョナサンの性格をどのように描写しているかをよく読んで，終わり方を予測する手がかりにしよう。子どもたちに，「ジョナサンがどんなことをするか，どんなことをしないか」とたずねよう。そして，「ジョナサンの性格の特徴」がどのように結末に影響するか考えさせよう。

（4）子どもたちがリーディングログに書いた「予測」と「問い」のサンプル
　この子どもは二つのレスポンスを結びつけて書いている。

　一つは彼女自身の結末の予測である。もう一つは，ブッククラブのグループメンバーにどんな結末を予測したか，たずねるものである。終わりの話し合いで，子どもたちが予測した結末と実際の結末が一致していたか違っていたか話し合おう。

> 『戦場』（予測と質問）
> 　私は，伍長は傭兵たちに殺されるだろうと思う。あなたはどう思う？　ジョナサンは，すぐに家に帰ると思う？　そうしたらジョナサンの親はなんて言うと思う？　ええ，私はジョナサンはすぐに家に帰ると思うわ。それから，ジョナサンが無事に家に帰ったら親はとても喜ぶと思うわ。でもきっとジョナサンはしかられるわ。あなたがジョナサンの親だったらどうする？　私が親だったらジョナサンに「もし，家のきまりが守れなくて，私の言うことが聞けないならこのうちに住んでる必要はないわ。荷物をまとめて出て行きなさい。あなたは，そんなひどい戦いに行きたいの？　さよなら！！！！」と言うわ。でも，私が大人になって子どもたちを育てたらそんな言い方はしないわ。

Lesson 14
物語全体を分析する
（Lesson 14 は読書課題，ライティングの問いはない）

（1）目　的
* 子どもたちに，物語全体について考え，まだよく話していない問題や疑問

第Ⅱ部　実践編

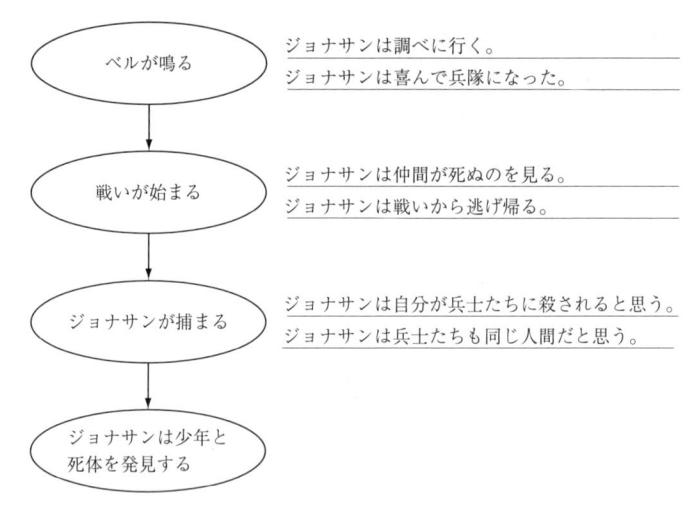

```
[ベルが鳴る] ──── ジョナサンは調べに行く。
                 ジョナサンは喜んで兵隊になった。
    ↓
[戦いが始まる] ── ジョナサンは仲間が死ぬのを見る。
                 ジョナサンは戦いから逃げ帰る。
    ↓
[ジョナサンが捕まる] ── ジョナサンは自分が兵士たちに殺されると思う。
                       ジョナサンは兵士たちも同じ人間だと思う。
    ↓
[ジョナサンは少年と死体を発見する]
```

図 9-3　ストーリーマップの例
注：ストーリーマップの一部分の例である。こうして図示すると，物語の全体を子どもたちが分析するのに役立つ。

点について話し合うように励ます。
- 子どもたちがテクストについて創造的に反応できるような機会を与える。

（2）進め方
- 物語全体について子どもたちと話し合おう。子どもたちに，今まで出されていない追加の問いをしてみよう。
  —— この物語であなたが一番楽しかったところはどこ？
  —— この物語で一番つまらなかったところは？
  —— この物語を読んでアメリカ独立戦争の時代にいるような気持ちになった？
  —— 主な登場人物であるジョナサンはどういう人柄か説明しなさい。
- 子どもたちと一緒に，物語の中の主なできごとを抜き出して図示しなさい（図9-3）。
- 主なできごとをおさらいすると，子どもたちはもっと知りたいことやクラス全体で議論したいことがわかってくる。
- 子どもたちに，文学に反応するには多くの方法があることを思い起こさせよう。子どもたちはクリティカル*なスキルを使うことができる。しかし子

どもたちはまた自分たちの想像力を使うこともできる。創造的に反応する一つのやり方は，主な登場人物がほかの状況にいることを想像して，物語を拡張することである。歴史的なフィクションでは，こうすると読者が楽しめる。読者自身が本の状況にいると想像して，小説の時代状況の中で読者がどう行動したか考えるのである。次の問いについてログに答えさせ，創造的に反応するように指示しよう。

――20年後になったら，ジョナサンは自分の子どもたちにこの日のことをどのように説明するだろうか。

――戦争が続いていて，ジョナサンがもう一度戦争に行くように呼ばれたら，ジョナサンはどうするだろうか。

――朝目覚まし時計が鳴ったらあなたがジョナサンになっていた。あなたはどうする？

Lesson 15

まとめのエッセイ

(Lesson 15 は読書課題，ライティングの問いはない)

（1）目　的
- 子どもたちに，『戦場』の中から，「歴史的な」情報と「フィクション」の情報を抜き出させよう。そして『戦場』を読むことを通して戦争についての重要な考えを引き出そう。
- エッセイ*がどのような構成で書かれるかをおさらいしよう。

（2）進め方
- 歴史の本と歴史的なフィクションは，私たちに，どちらもただの情報以上のより大きなことについて考えて結論を出させると子どもたちに話そう。言い換えれば『戦場』でジョナサンが経験したことはただのエキサイティングな物語というだけではない。アメリカ独立戦争について，すべての戦争について，戦争が人々に与える影響について考えさせる。
- 戦争はどれだけ大きな影響があるか指摘しよう。一度戦争を経験すると，永遠に人生や人生の見方が変わる。『戦場』を読むと，どの部分からそう

いうことがわかるか考えさせよう。また若い人が戦争を体験することは大人が体験することとどのように違うかも考えさせよう。エッセイには，社会科で学んだことと調査でわかったこととこの小説でわかったことを結びつけるように話そう。

- エッセイの基本的な要素をおさらいさせよう。エッセイは，ノンフィクションの作文である。だから，始まりには，自分の意見を主張する文，つまり，エッセイの中心思想から書き始める。エッセイの本体部分には，主張を支える証拠を例示する。エッセイの終わりには，すべての例示と深く関わる結論を示し，再度冒頭の主張を繰り返す。
- 子どもたちのエッセイは2分の1ページか4分の3ページの長さで。『戦場』やほかの読み物から，冒頭の主張を支える証拠を例示しなければならない。

日本の読者へのガイド

　ブッククラブではバックグラウンドナリッジ（訳注：予備知識や基礎知識）を重視する。なぜなら予備知識がないと理解できない文学作品が多いからである。日本の国語教育ではこのバックグランドナリッジの重要性が理解されていない。

　この単元は南北戦争をテーマにしているが，南北戦争についてのリサーチに3週間使っている。十分なバックグラウンドナリッジを子どもたちみんなが持つことでより深くこの作品を理解できると考えている。

　この調べ学習を行うことで，本書では社会科との統合的な学習を行おうとしている。日本では教科の枠組みを重視し「この授業は国語か社会か道徳か」などという議論がよく行われるが，時代錯誤の議論と言うべきであろう。

　人生は国語だけでは生きられない。社会科も理科も数学も総合的に活用して初めて生きることができる。総合的な学習の時間が創設されたのもそういう考え方からである。

　教科をまたいだ横断的学習がどの教科の授業でも必要なのである。そういった考え方から，ブッククラブでは日本とは逆に合科的，統合的な学習を推進しようとしている。

第10章

作者研究——ミルドレッド・テイラー

1 文学的なスキルの指導

　ブッククラブでは，子どもたちに「テクストとテクストの関係をつけさせる」ことを教えることを特別に強調する。よい読者たちは，読むすべての本について豊かな関連情報を使う。なぜなら，よい読者は今読んでいるテクストと過去に彼らが読んだテクストとの，多くの関連性がよく見えるからである。彼らは，共通するテーマやセッティングや状況や作者の表現テクニックを深く理解する。「作家研究」単元を教えることは，子どもたちにこのような関連性をつけさせる絶好の方法である。

　同じ作者の本には，たいてい共通するつながりがある。だから子どもたちの読者としての自信は，特定の作者のエキスパートになるにつれ高まる。

　この単元で，ミルドレッド・テイラーが提供する四冊のパワフルな物語は，作者研究の堅固な基盤を提供する。『木々の歌』『ミシシッピ橋』『友情』は，登場人物が共通している。だから，子どもたちが「テクストとテクストの関係」を非常に容易につけられる。『金のキャデラック』は登場人物が異なるが，共通するテーマがたくさんあって，「テクストとテクストの関係」を深いレベルでつけることができる。

　どの本もとても短く，アメリカ南部の田舎の方言を含む本も数冊あるが，語彙はそれほど難しくはない。あなたのクラスがどのくらい成熟しているかによって違ってくるし，テイラーの率直な人種差別主義の描写にあなたのクラスの子どもたちがびっくりすることを，あなたが心配するかどうかによっても対象学年は違ってくるが，どの本も小学校4年生から6年生に使える。

　ミルドレッド・テイラーの単元は多くの教科横断的なかかわりを与える。表

161

第Ⅱ部　実践編

表 10-1　社会科のナショナル・スタンダーズ（全米カリキュラム）との関連

NCSS（全米社会科教育協議会）が定めた社会科教育の主題の要素	ブッククラブのレッスンと活動
1. 文化 社会科のプログラムは，文化と文化的な多様性についての体験を含むべきである。	
2. 時間，継続性，変化 社会科のプログラムは，人間が自分自身を現在どのように見ているか，歴史的にどう見ているかについての体験を含むべきである。	Lesson 4，第 1, 2 週
3. 人々，場所，環境 社会科のプログラムは，人々，場所，環境の研究についての体験を含むべきである。	Lesson 1, 4, 5, 8, 11, 12, 第 1, 2, 6 週
4. 個人の発達と個性 社会科のプログラムは，個人の発達と個性の研究についての体験を含むべきである。	Lesson 3, 4, 6, 9, 13, 第 7 週
5. 個人，グループ，組織 社会科のプログラムは，個人，グループ，組織の間の交流に関する研究についての体験を含むべきである。	Lesson 3, 4, 5, 8, 11, 12, 第 1, 2, 6, 7 週
6. 権力，権威，統治 社会科のプログラムは，人々がどのようにして，権力，権威，統治の構造を創造し改善してきたかについての研究についての体験を含むべきである。	
7. 製造，流通，消費 社会科のプログラムは，商品とサービスを製造，流通，消費することについて，人々がどのようにして組織してきたかについての体験を含むべきである。	
8. 科学，技術，社会 社会科のプログラムは，科学，技術，社会の相互関係の研究についての体験を含むべきである。	
9. 国際交流 社会科のプログラムは，国際交流と相互依存についての体験を含むべきである。	
10. 市民権意識と実践 社会科のプログラムは，民主的な共和制の中での市民権の理想，原理，実践についての体験を含むべきである。	Lesson 4, 5, 第 1, 2, 6 週

第10章　作者研究──ミルドレッド・テイラー

表10‐2　カリキュラム関連表

カリキュラム領域	ミルドレッド・テイラー単元のレッスン
理　解	Lesson 1：視覚的なイメージと方言（3, 6, 9） Lesson 2：性格描写とシンボル（象徴）（3, 6） Lesson 3：よいブッククラブの話し合いの特徴（3, 11, 12） Lesson 5：家族の人間関係（3） Lesson 8：テクストとテクストの関係（1, 2, 3, 6） Lesson 10：登場人物たちの行動の動機を理解する（2, 3） Lesson 11：シンボリズム（3, 6） Lesson 12：比較（類似点を比べる），対照（相違点を比べる）（3）
文学的側面	Lesson 1：視覚的なイメージと方言（3, 6, 9） Lesson 2：性格描写とシンボル（象徴）（3, 6） Lesson 4：視点（3, 6） Lesson 6：物語についての感情（3, 5, 6） Lesson 7：作者の目的を分析する（3, 6） Lesson 9：友情についてのコンセプトウェブ（概念マップ）（3, 5, 11） Lesson 11：シンボリズム（3, 6） Lesson 13：テーマ（3, 6, 11） Lesson 14：プロセスライティング──クリティカルレスポンス（4, 5, 6, 11）
作　文	Lesson 1-13：毎日ログを書くこと（3, 5, 6, 12） Lesson 6：物語についての感情（3, 5, 6） Lesson 9：友情についてのコンセプトウェブ（概念マップ）（3, 5, 11） Lesson 14：プロセスライティング──クリティカルレスポンス（4, 5, 6, 11） Lesson 15：友だちの評価（4, 6, 11）
言葉の技術	Lesson 1：視覚的なイメージと方言（3, 6, 9） Lesson 3：よいブッククラブの話し合いの特徴（3, 11, 12） Lesson 12：比較（類似点を比べる），対照（相違点を比べる）（3） Lesson 15：友だちの評価（4, 6, 11）

10‐1は，NCSS（全米社会科教育協議会）が規定した「10のテーマの要素」に基づいて，社会科の教育内容とのかかわりを確認したものである。

表10‐2は，ブッククラブの四つのカリキュラム領域とミルドレッド・テイラーの単元の個々のレッスンとの関係を示した。すべてのレッスンは，また，NCTE（全米英語教師協議会），IRE（国際的な読むことの協会）の英語言語技術の基準[*]（全米統一国語カリキュラム）と関連している。（　）内の数字は英語言語技術の基準の番号である。

第Ⅱ部　実践編

> 単元のテーマ

　この単元では，子どもたちが，アメリカ合衆国の歴史の暗部にさらされる。この本と関連する本と，単元の活動は，偏見の邪悪さ，体制に取り込まれて希望をなくした人々の弱さについて深く探求する。

　子どもたちが学ぶことは，困難を克服するために戦った人々の内面的な強さ，体制に順応させようとする社会的な圧力と戦う勇気である。

　このほかのテーマは，プライドを維持することの大切さ，本当の友だちとはどういうものか，よい家庭の大切さである。

　単元を通して，次のテーマについてのビッグクエスチョンを掲示するとよい。

- 人種差別とは何だろうか。人種差別をする人たちの行動は，どのようにコミュニティー（訳注：地域などの共同体）の人たちを傷つけるだろうか。
- あなたが信じていることについて，あなたはそれが正しいと信じていても沈黙しなければならなかったときはある？　どうして？　もしなかったらどうして？
- 法律はいつも公正だろうか。法律が正しいのはどんなときだろうか。法律が正しくないのはどんなときだろうか。悪い法律に対して個人はどんなことができるだろうか。
- 本当の友だちとはどういうものだろうか。どんな特質を持っているだろうか。
- 強い絆でつながれた家族は，家族のだれかが人生の困難を克服するときにどうやって助けるだろうか。

2　リードアラウドする文学

　リードアラウド*するときは，教師はクラス全員に共通の文学*教材を与える。教師はよどみない読み方のモデルを示しながらテクストとテクストの関係について考えさせる機会を与える。テーマに関連したノンフィクション，小説，絵

第10章　作者研究——ミルドレッド・テイラー

表10－3　単元［作者研究］の学習活動における7週間の概要

第1週　予備知識を築く
- クラスで人種差別、差別、偏見、（人種差別による）隔離などの語の定義をする。人種差別的なジム・クロウ法について調べる (3, 7, 8)。
- ジム・クロウ法の影響について描かれた絵本を与え小グループで分析させる (1, 3, 11)。
- グループで絵本を音読してどんなことを学んだか話し合う (4)。
- アメリカの偏見、差別、隔離についてのKWLチャート（知ってること・知りたい、わかったチャート；p. 204）で授業を始める (3, 7)。

第2週　調査とポスター発表
- グループごとに割り当てられた年代について調査する（1930年代、40年代、50年代）。KWLチャートの問いを使って調査する (4, 7, 8)。
- 集めた情報をポスターに整理してクラスで発表する (4, 7, 12)。
- 発表で集めた情報をもとにKWLチャートを完成する (3, 11)。
- 教師が、テーマが関連する本のリードアラウドを始める (2)。

第3〜5週　ブッククラブレッスンプラン
- ミルドレッド・テイラーの4冊の本を読んでブッククラブで話し合う (1, 4, 6, 11)。
- 子どもたちはリーディングログを話し合いのときに資料にする (3, 4)。
- 子どもたちは物語の要素をチャートに書き登場人物たちの性格をマップにする (3, 6)。

- 子どもたちはイメージや方言やシンボルや直喩などの作家の技術について分析する (6)。＊
- 子どもたちは読んだことやクラスの話し合いに基づいて手紙やエッセイを書く (5)。

第6週　市民権運動の回想
- 教師が"Sister Anne's Hands"をリードアラウドする (1)。
- 教師が現代の市民権運動の歴史の重要なできごとと人々についての情報を展示させる。
- 子どもたちは、市民権運動の重要なできごとに手紙を書く人に選んだ人に手紙を書く。その中から選んだ人に掲示板に情報を集める (4, 5, 7, 12)。

第7週　現在のできごと
- クラスで、現在の社会にも偏見があることについて話し合い、その証拠を見つける。
- 子どもたちは自分たちは自身の異なる人種や民族的な背景のある人たちに対してどんな態度をとっているかを考える。
- グループごとに、自分たちの学校や地域でどうしたら偏見と闘えるかを考え、どれか一つの方法を実行してみる。

注：この単元は英語言語技術の基準に関連する。（　）内の数字は英語言語技術の基準の番号である。

第Ⅱ部　実践編

本，詩を与えると非常に効果が上がる。

　偏見，差別，勇気に関する次の本は，この単元の間の特別な学級文庫にふさわしい。子どもたちに楽しみとして本を探させ，興味に合った本を選ばせよう。

　子どもたちがミルドレッド・テイラーの本を読んで話し合うことは，差別という正義に反する行為に焦点を合わせた完全な単元の文脈の中で初めて成立する。表10-3は7週間の単元の短い概要である。子どもたちは，物語の舞台設定の背景の情報を収集することから始める。第3週目からはテイラーの四冊の本を読み始める。読み終わったら，市民権運動についての感想をまとめ，現代社会にもある人種差別を見る。

③　単元の学習活動

◉第1週　予備知識を築く

- 黒板に，人種差別，差別，偏見，（人種差別による）隔離と書く。子どもたちと話し合ってそれぞれの語の定義をする。それから，子どもたちに「これからブッククラブで読む本は，人種差別的な政策が公式に認められていた時代のアフリカ系アメリカ人の生活を描いたものである」ことを話す。
- 南北戦争（1861-1865）の後で制定された法は，特に南部では人種差別を強化するものであることを説明する。人種差別的なジム・クロウ法について解説する。
- それぞれのグループに，リードアラウドの文学のリストから1冊ずつの絵本を与える。グループメンバーにその本を順番に音読させる。ジム・クロウ法がアフリカ系アメリカ人と白人のアメリカ人に与えた影響について子どもたちに分析させる。
- それぞれのグループが割り当てられた本を読み，読んだことによってどんなことを学んだかグループで話し合う。クラスでつくっているKWLチャート[*]のKの部分（What I KNOW：知っていること）に，子どもたちが今持っている知識を要約させる。子どもたちに，この知識を使って，隔離と差別について知りたいと思うことの問いをつくらせる。この問いをチャートのW（What I WANT to know：知りたいこと）のところに記録する。

第10章　作者研究——ミルドレッド・テイラー

◉第2週　調査とポスター発表
- 子どもたちに，ミルドレッド・テイラーの作品のうち，三つの物語は1930年代に起きたできごとで，一つの物語は1950年代に起きたできごとだと，教師が説明する。KWLチャートのLの欄（What I LEARNED：学んだこと）を，1930年代，1940年代，1950年代の三つの時代に三区分する。それぞれのブッククラブのグループを三つのどれかの時代に割り当てる。それぞれのグループは，割り当てられた時代についての重要な情報とアフリカ系アメリカ人の生活をイラストに描いたポスターをつくって，クラスで発表するように指示する。
- グループごとにつくったポスターを発表する。全部のグループのプレゼンテーションがすんだら，ポスターを教室にはって，クラスでKWLチャートのLの欄（学んだこと）について，それぞれの時代の重要なことを要約する。
- 偏見を描いた本のリードアラウドを始める。この単元の中でブッククラブをやるときには，毎日リードアラウドをやって，子どもたちに，リードアラウドする本とミルドレッド・テイラーの本とがテーマについてどのようにかかわっているか考えさせる。

◉第3～5週　ブッククラブレッスンプラン
- 170ページ以降のブッククラブレッスンプランを参照のこと。

◉第6週　市民権運動の回想
- "Sister Anne's Hands"を音読して1960年代について紹介しよう。
- 第6週は二通りのやり方がある。どちらのやり方も次の市民権運動の年表から始める。
- 第2週でやった発表から1950年代について知っていることを思い出させよう。まず1954年の市民権運動についての主なできごとの年表を黒板に書く（年表略）。

【オプションA：運動の人々】
- 子どもたちに，一人でまたはペアでまたはグループで年表にあがったできごとのどれか一つを選んでリサーチをさせる。子どもたちに，運動のリーダー

たちだけでなく，運動の成功に大きく貢献した普通の人たちのこともよく調べるように強調しよう。子どもたちに，できごとについての写真や新聞記事を集めさせよう。
- 子どもたちの調査が終わったら，調べた人たちのだれか一人に手紙を書かせよう。手紙には，その人が運動に対してどんな貢献をしたかを要約し，次に子どもたちがなぜその人に手紙を書くことにしたかを説明させよう。そういう人を見つけたことは，子どもたちの人生にどんな影響を与えたか，子どもたちに話し合わせよう。
- 子どもたちが集めた情報や手紙をグループで発表し合おう。クラス全体で，クラスの掲示板に手紙や写真や新聞の切り抜きをはろう。

【オプションB：運動の精神】
- 1955年から1965年までの市民権運動のできごとについて，子どもたちがどんな予備知識を持っているかたずねよう。子どもたちが知らないことについて補足しよう。
- 『自由の子どもたち』の抜き書きを音読しよう。そして，活動家たちの連帯感と喜んで犠牲になる精神が，スローガン（訳注：シュプレヒコール）やプラカードやスピーチや歌にどのように現れているか話し合おう。
- 子どもたちを三つのグループに分けよう。一つのグループは，活動家たちがスローガンを繰り返し叫んだかどうかも調べよう。二つ目のグループは有名なスピーチの音読の練習をしたり録音されたものを見つけよう。三つ目のグループは抗議した人たちによって歌われた歌について調べさせよう。また録音された歌を探して歌う練習をしよう。
- 市民権運動精神を祝う集まりを開き，それぞれのグループにポスターやスピーチや歌を発表させよう。

●第7週　現在のできごと――単元のテーマについてもう一度考えよう

　単元の終わりに，子どもたちにテーマについてのビッグクエスチョンを振り返らせよう。一人一つずつ問いを選ばせて答えの文章を書かせることもできる。またはクラスの話し合いで全部の問いについて話し合うこともできる。子どもたちが答えるときには，単元の中で調べたことや読んだ本に基づいて根拠をあ

げるように激励しよう。
- 人種差別や偏見は，どんな形で今に残っているか子どもたちと話し合おう。子どもたちに，新聞や雑誌から偏見に基づいた事件の記事を持ってこさせよう。そしてなぜこのような偏見に基づいた行動が行われるのか話し合おう。
- それから子どもたちに，自分自身がほかの人種や民族のグループに対してどんな態度をとっているか考えさせよう。これは一人で個人的な学習として行わせよう。次のような質問を黒板に書いて深く考える刺激にしよう。
  ——ほかの人種や文化のグループからきた友だちがいるか。
  ——ほかの人種や文化のグループの人たちが差別するようなじょうだんや，ばかにするようなことを言われるのを聞いたらあなたはどうするか。
  ——バスや電車であなたのとなりに同じ年くらいの違う人種の人が座ったことはあるか。
- 子どもたちにしばらく静かな時間を与えて，どんな感情になったかを考えさせてみよう。
- 子どもたちをブッククラブのグループに集まらせて，地域や学校の中での偏見とどうやって戦うか意見を言わせよう（『The Civil Rights Movement for Kids. 〔章末の「日本の読者へのガイド」参照〕』には多くのアイディアが載っている）。単元の終わりに，グループごとにどれか一つのアイディアを選んでクラスで発表させよう。

第Ⅱ部　実践編

ブッククラブレッスンプラン

ブッククラブで使うミルドレッド・テイラーの本のあらすじ

『木々の歌』
　アメリカに始まった世界大恐慌の時代に，ミシシッピの農村に生きたローガン一家の物語である。パパは農場を追い出されてルイジアナの鉄道で働かされる。三人の子どもたち（ステイシー，キャシー，クリストファー・ジョン）とリトルマンは母と祖母ビッグ・マーと一緒に家にとどまる。白人がビッグ・マーをおどしてその土地の木を木材として売らせる。パパが帰ると白人は森をダイナマイトで爆破しろとおどす。

『ミシシッピ橋』
　語り手は，恥ずかしがり屋の10歳の白人の子ジェレミーである。ある日，ジェレミーは白人のバス運転手が黒人の乗客を乱暴にバスから追い出しているのを見た。白人の乗客を乗せるためだ。しかし，そのすぐあと，バスはガタのきた橋から氾濫する川に落ちた。ジェレミーとバスから追い出された黒人の友人ジョシアスは勇敢に乗客を救おうとしたが，多くは溺れ死んだ。

『友情』
　ローガン家の子どもたちは，キャリーおばさんが，人種差別をするジョン・ワレスが経営する店にお使いにやらされたとき，びくびくした。そこで，子どもたちはワレスとトム・ビーがぶつかり合っているのを見た。トム・ビーは年取った黒人でワレスのことをジョンと呼び捨てにする。何年も前にビーは若いときのワレスの命を救ったのだ。だから，ワレスはビーと永遠の友情を誓い合った。年取ったビーはこの誓いを心に刻んでいる。しかし，ワレスは，黒人のビーが，白人の客の前でジョンと呼び捨てにする屈辱に耐えられなかった。とうとう，ワレスの怒りが爆発し，店の前でビーの足を拳銃で撃った。

『金のキャデラック』
　1950年代のオハイオを舞台にしている。ロイスとアロマは興奮した。なぜなら，お父さんが真新しい金色のキャデラックに乗って家に帰ってきたからだ。
　お父さんが実家のミシシッピに帰る計画を話すまでは，お母さんは車に乗ることを拒絶していた。
　家族がオハイオを離れたとき，彼女たちの黒い肌がどういう意味を持つかに気づかされて驚いた。お父さんはいきなり理由も告げられずに白人の警官に尋問されて，三時間も拘置所に入れられた。一家はやっとミシシッピに無事帰ったが，お父さんはキャデラックを売ってしまった。

第10章　作者研究──ミルドレッド・テイラー

Lesson 1
視覚的なイメージと方言

（読書課題：『木々の歌』pp. 1-19.）

（1）目　的
- イメージ*とか方言*のような「作者の技術*」が用いられた表現を見つけて話し合う。
- ブッククラブのやり方とリーディングログのレスポンスについておさらいする。
- ブッククラブのやり方とリーディングログにどんなことを書くかをおさらいする。
- 物語の予測をする。

（2）ライティングの問い
- この森の絵を描きなさい。
- ママとビッグ・マーが言ったりしたりしたことから，物語のセッティング*についてどんなことがわかった？
- キャシーは森の木々についてどんなことを感じただろうか。あなたはどうしてそれがわかった？

（3）進め方
- レッスンの初めに，短時間でブッククラブのやり方をおさらいしよう。Think Sheet 5（巻末204ページ）か Think Sheet 11（巻末208ページ）を配り，いろいろなレスポンス*のタイプがあることについて話し合おう。もし子どもたちが新しいレスポンスのやり方を考え出したらクラスの子どもたちに対して発表させよう。
- 子どもたちに本の表紙を注意深く見るように指示し，どんな話か予測させよう。『木々の歌』というタイトルから物語の内容を予測させよう。
- 1～19ページまでを子どもたちにリードアラウドし，注意深く聞いて物語の表現を楽しむように指示しよう。
- 読んだあと「イメージ」と「方言」という言葉についておさらいしよう。「イメージ」とは，「様々な感覚に訴えて読者の心に一つの絵を創造する表

171

現方法」である。「方言」とは、「特別な状況で特別な集団によって用いられる言語」である。これらは「作者の技術」の例だと子どもたちに説明しよう。「作者の技術」とは、「作者が、言葉を使って状況や登場人物やできごとを生き生きと描写したり、物語をよりおもしろくしたり本物らしく表現する特別な方法」である。それから、子どもたちに、教師がリードアラウドしたテクストの中からイメージと方言の例を、特に場所を表す語や表現の中から探させて黒板に書かせよう。子どもたちが見つけそうなイメージは、「エメラルドと金の上着に包まれた」「涼しそうに歩く」などの比喩表現である。

- 子どもたちに「作者はなぜ登場人物に方言で話させるのだろう」と聞いてみよう。読者に物語がどこで起こったかの手がかりを与えるからだろうか。物語の登場人物たちをより本物らしく見せるためだろうか。

Lesson 2
性格描写とシンボル

(読書課題:『木々の歌』pp. 20-37.)

(1) 目 的
- 子どもたちと、作者はどうやって登場人物たちの性格を読者に伝えるかを話し合う。
- キャラクターマップのモデルをつくる。
- 物語の中のシンボル* について考える。

(2) ライティングの問い
- アンダーソンとママのキャラクターマップ* をつくろう。一人の登場人物を詳しく描いた文章をつくろう。
- 物語の中でステイシーは何をしていた？ どうしてそう思った？ もしあなたがステイシーと同じ状況にいたらどうする？
- アンダーソンが「キャシーのお父さんは事故にあうかもしれない」と言ったとき、どんなことを言おうとしたのだろうか。

第10章　作者研究——ミルドレッド・テイラー

（3）進め方

- 読者が登場人物の性格についてどうやって学ぶかを子どもたちと話し合おう。登場人物を知る方法は，登場人物たちの話した言葉に注目したり，ある登場人物がほかの登場人物たちとどう交流するかを読み取ったり，作者が登場人物の性格を描写した部分から判断したり，登場人物たちの考えや感情に注意をはらったりするやり方がある。『木々の歌』の登場人物たちの性格について，子どもたちがどうとらえているか話し合い，作者はどんな方法で登場人物たちの性格を伝えようとしているかを話し合わせよう。

- もし必要ならキャラクターマップのつくりかたのモデルを示そう。Think Sheet 13（巻末209ページ）は一つの例である。もし，このシンプルなマップをつくったことがあるならもう少し進んだことをやらせてみよう。例えば，子どもたちが興味を持った登場人物について，どんな行動をどのようにとったか，またなぜそのような行動をとったかを文章に書かせてみよう。

- 子どもたちに，作者は「深い意味」を読者に伝えるために，ときたまシンボルを使うことを話そう。シンボルとは「人，場所，物，行動がそれ以上の意味を持つこと」であると説明しよう。子どもたちが読むときに，キャシーにとって木が何のシンボルであるか，また作者はなぜ読者にこのシンボルを理解させようと思ったのか考えさせよう。

- この時点で，子どもたちが十分に話し合いに参加しているかどうか，また物語の内容をよく理解しているかどうかをチェックしよう。

- 終わりの話し合いでは，クラス全体で，アンダーソンとママのキャラクターマップを黒板か模造紙に書く（訳注：ここでは二人について別々のマップを描き，それぞれについての行動や描写をクラス全体で話し合いながら描き込んでいく）。ママがアンダーソンに対してどんな反応をしたかを考えさせ，ママとキャシーにはどんな性格の似ているところがあるかを子どもたちにたずねる。それから，子どもたちにほかの登場人物について知っていることを順番に答えさせる。子どもたちには，登場人物の性格がテクストの中のどの文章からわかるか証拠をあげるよう求める。

- 作者がどのようにして木々が失われた悲劇について伝えようとしているか，子どもたちと話し合おう。木々は，ママやキャシーやほかの家族にとって

第Ⅱ部　実践編

どんな意味があったのだろうか。子どもたちに聞いてみよう。子どもたちに34，35ページを注目させよう。キャシーが深く考えることによって森について様々な解釈ができることがわかった。森は避難場所だ，自然が永遠に存在することを思い出させる。木々は，人々が人生の嵐に耐える強さとプライドと自尊感情を象徴している。子どもたちと探求しよう。キャシーが森の木々について発見したことはただ森の木々を切るということだけではない。この物語は，これから繁栄しようとするアフリカ系アメリカ人たちの前に立ちはだかった様々な障害について描いているのである。

（4）ほかの教え方

　子どもたちが登場人物の性格についてもっと理解を深めるために，子どもたちにロールプレイ*をやらせよう。子どもたちにそれぞれビッグ・マーとママの役をやらせ，アンダーソンが去ったあと二人がどんな会話をしたかを予測させて演技をさせる。クラス全体の前で二人ずつ組になってロールプレイをやることで，教師は子どもたちの演技を評価できるし，子どもたちはほかの子どもたちがビッグ・マーとママの性格をどのようにとらえているか，似ているところと違うところを比較することができる。

Lesson 3
よいブッククラブの話し合いの特徴
(読書課題：『木々の歌』pp. 38-53.)

（1）目　的
- よいブッククラブの話し合いの特徴について分析する。
- 物語のできごとのシークエンス*について話し合う。
- 子どもたちにタイムライン*をつくらせる。

（2）ライティングの問い
- 38〜53ページに起こったできごとのタイムラインを描きなさい。
- この本のタイトルはどんな意味があると思う？
- 49ページのパパの言ったこと（「俺が今日死のうが明日死のうが俺には何の違いもないよ。俺が正義のために死ぬ限り」）はどういう意味がある？　なぜこう

第10章　作者研究——ミルドレッド・テイラー

言ったか解釈して説明しなさい。

（3）進め方

- 今日のレッスンは，子どもたちに「よいブッククラブの話し合いとはどんなものか」と問うことから始めよう。子どもたちに今までやったブッククラブの経験を思い出させて，どんなときうまくいったかを考えて発表させ黒板に書こう。例えば，よいブッククラブの話し合いの特徴としてあがるのは「全員が参加する」「ほかのグループメンバーが言ったことにレスポンスする」「一つの話題にとどまる（訳注：議論が終わらないうちにほかの話題に移らない）」「言ったことを支える根拠になる具体例をあげる」「よく考えられた質問をする」「ていねいな言葉づかいをする」「ほかの人たちの発言を注意深く聞く」などだろう。このリストは単元が終わるまで黒板に掲示しておく。

- 次に，事件のできごとを順番に並べて理解を深めるシークエンシング*のスキルについて話し合う。物語のシークエンスとは，物語のできごとが起きた順番に並べたものであることを子どもたちに話そう。『木々の歌』のできごとのシークエンスについて子どもたちと話し合おう。できごとのシークエンスを知ることによって読み手の理解が深まることを指摘しよう。あるできごとはしばしばほかのできごとを引き起こす。そしてできごとのシークエンスを知ることは原因と結果の関係を明確にするのに役立つ。

- 黒板やオーバーヘッドプロジェクター（OHP）で『木々の歌』のできごとのタイムラインのモデルを見せよう。子どもたちに，リーディングログにタイムラインを書いて保存しておき，読み進むにつれて書き加えていくように話そう。このタイムラインは，ブッククラブの話し合いやクラスでのコミュニティーシェアのときや，物語の中の重要なできごとについて思い出すときに便利である。

- 子どもたちがライティングの問いについて書いて，ブッククラブのグループに移動したあとで，どれか一つ「よいブッククラブの話し合いの特徴」を選んで，今日はそれに焦点を合わせて話し合いをさせよう。

- なぜパパはすでに切った木をアンダーソンに渡さなかったのか，子どもたちに聞いてみよう。子どもたちは，アンダーソンがビッグ・マーをだまし

たのだということを知らなければいけない。アンダーソンがビッグ・マーに払ったお金は奪ったものとは比べ物にならない。パパは家族の財産を守っただけではない。パパの行動は強力なテーマを伝えている。パパが証明したことは，自分を尊敬すること，人が持つプライドや大切にしている価値観は，強制やおどしよりはるかに強力だということだ。パパはまた，人が確信や信念を強く持つことが大切だということを見せたのである。

- 子どもたちに，これから読むミルドレッド・テイラーの三冊の本はみな同じような考え方が現れていると話そう。子どもたちに Think Sheet 14（巻末207ページ）について説明しよう。『木々の歌』についての細部を子どもたちと一緒に書き込もう。大きな紙で大きな表をつくろう。ほかの本を読んだときには，このチャートに戻って書き足すことを子どもたちに話そう。

（4）ほかの教え方

ブッククラブのあとの，第6週で推薦した学習活動を行うことを予定していないなら，このレッスンは，アフリカ系アメリカ人が1930年代以後市民権を求めて闘かったことへの子どもたちの理解を深めるのにちょうどよい機会になるだろう。この単元の間，ある教師はマーティン・ルーサー・キングについて話し合うためにゲストを招いた。ほかのやり方としては，『マーティン・ルーサー・キング——平和の戦士』の映画を見せたりリードアラウドするのもよい。

（5）7週の単元との関連

子どもたちが『木々の歌』のブッククラブを終わったとき，第1週の予備知識，第2週のリサーチとの関連を考えさせよう。子どもたちに，『木々の歌』が1930年代の黒人と白人の関係をどのように描いているかたずねよう。子どもたちは，自分の意見を発表するときに，この本の中の具体的なできごとをあげて根拠にしなければならない。そのとき以来，黒人と白人の関係はどのように変わったかをたずねよう。どんなできごとが起きたから黒人と白人の関係は変わったのだろうか。黒人と白人の関係を改善するのに，まだ私たちが努力しなければならないのはどんなことだろうか。

第10章 作者研究──ミルドレッド・テイラー

―― **Lesson 4** ――――――――――――――――――
　　　視　点
　　　　　　　　　　　　（読書課題：『ミシシッピ橋』pp. 7-22.）
――――――――――――――――――――――――

（１）目　的
- 読者が物語を理解するために視点*がどれほど効果的か，子どもたちに理解させる。
- 登場人物たちの心の中のコンフリクト*を読み取らせる。

（２）ライティングの問い
- ジョン・ワレスがお客さんと話すとき，相手によってどのように違う態度をとったか書こう。ルディンとそのママにはどんな態度だったろう。ハティー・マクエロイとグレース・アンにはどんな態度だったろう。
- ジェレミーが「ぼくとジョシアスは友だちだよ」と言ったとき，ジェレミーについてどんなことがわかっただろう。
- 今日読むところの中に書いてあることから考えて，ジェレミーとジェレミーのお父さんはどんな関係だったかを書こう。

（３）進め方
- 子どもたちに『ミシシッピ橋』の語り手はキャシーではなくてジェレミー・シムズだと説明しよう。一人称の語り手とは物語の中の登場人物で，自分のことを「私，僕，俺」などと表現する人である。三人称の語り手とは，物語で行動する人たちの外にいて，登場人物たちを描写するときに「彼，彼女，彼ら」などという代名詞や「ごん，喜助」のような固有名詞を使う（訳注：原文に固有名詞が欠けているので誤解を防ぐために訳者が補足した）。
- 内面のコンフリクトという考えについて子どもたちとおさらいをしよう。内面のコンフリクトはほかの人には見えない。なぜならある登場人物の「心の中の戦い」だからだ。子どもたちから，心の中の戦いの例をあげさせよう。子どもたちに，登場人物の価値はその人が経験する「心の中の戦い」がどのようなものであるかで決まることが多いと話そう。例えば，ある子どもが家族と一緒に過ごそうか宿題をやろうか悩んでいたら，その人

177

にとって家族も宿題もどちらも大切であることがわかる。
- この物語のできごとをよく理解するために子どもたちが理解しなければならないことは，この物語の時代には黒人を差別したジム・クロウ法が南部では厳しく定められていたことである。第1週，第2週の活動を十分やっていなければ，子どもたちに，ジム・クロウ法とは南北戦争の終わるころに南部の各州で制定された黒人差別法であることを説明しよう。ジム・クロウ法では，電車や学校や劇場など公共の場所で黒人と白人が隔離された。子どもたちに，「もしあなたたちがジム・クロウ法の定められている国に住んでいたらどう思う？」「黒人と白人が電車や学校で別々の席に座らなければならなかったら，人々の考え方は今とどんなふうに変わるだろうか」と聞いてみよう。
- まず，今日の読書課題を子どもたちに順番に読ませ，ライティングの問いに答えさせてからブッククラブに入る。
- 作者がジェレミーを語り手に選んだ意図を正しく理解するために，様々なジェレミーの行動や考えや会話からジェレミーの人柄を理解することが重要である。ブッククラブが終わって，クラス全体での話し合いになったとき子どもたちに聞こう。「今日読んだところから，ジェレミーは地域の人たちに対してどんなことを考えていたと思う？」「ジェレミーは偏りのない客観的な語り手だろうか。どうしてそう思う？」「ジェレミーのアフリカ系アメリカ人に対する態度は，彼のお父さんと同じだろうか，それとも違うだろうか」「なぜ作者は，ジェレミーのような白人の少年を語り手にしたのだろうか」「作者はその頃の南部の白人たちのどんなところを描いているだろうか」。
- 子どもたちに，ジェレミーがわずか10歳であることを思い出させよう。これが彼の内面的なコンフリクトの一つの原因だ。ジェレミーはお父さんやほかの白人たちがジョシアスやルディンを扱うやり方に反対なのだけれども，その本心を言えないことがわかっている。「ジェレミーがよく考えた結果，お父さんとの関係についてどんなことがわかっただろうか」「ジェレミーが本当に考えていることがわかったら，お父さんはジェレミーにどんなことをするだろうか」。

第10章　作者研究——ミルドレッド・テイラー

- 子どもたちにたずねよう。「今日読む部分で，ほかの登場人物たちは『心の中でのコンフリクト』があるだろうか」。ジェレミーと同じように，ジョシアスもルディンも「心の中の戦い」を解決できないことに気づかせよう。二人とも，ちょっとでも自分たちの扱われ方に不平をつぶやきでもしたら生活の安全をおびやかされるだろう。

Lesson 5
家族の人間関係

(読書課題：『ミシシッピ橋』pp. 23-37.)

（1）目　的
- ローガンの家族の人間関係を分析する。
- ジェレミーの家族の暮らしとローガンの家族の暮らしの似ているところと違うところを比べる。

（2）ライティングの問い
- ジェレミーは，どうしてローガンの家族にひき付けられたのだろうか。ジェレミーの家族の暮らしについて知っていることとローガンの家族についてわかったことを比べてみよう。
- この本のどの部分で，ステイシー，キャシー，クリストファー・ジョン，リトルマンについて，どんなことがわかった？

（3）進め方
- 子どもたちに，『木々の歌』での話し合いを思い出させ，ローガンの家族についてどんなことがわかったか答えさせよう。『ミシシッピ橋』の次の部分では子どもたちはローガンの家族にまた出会う。
- ローガンの家族の人間関係が『ミシシッピ橋』でも詳しく描かれている理由は，ジェレミーの家族と比較させるためだということを気づかせよう。子どもたちに，二つのことのどこが似ているかを見出すことと，二つのことのどこが違うか見出すことの二種類の比べ方について説明しよう。二人の人物や二つのことがらについて似ているところと違うところを探すと，それぞれの人やことがらについて理解が深まる。練習のために，クラスの

中の二人の人や二つのことがらについて，同じところと違うところを見つけさせよう。
- 子どもたちがログに書く前に，似ているところと違うところを見つけるやり方をおさらいする。ベン図を使う方法もある。似ているところと違うところを二つの列に書き入れる表にする方法もある。文章で二つのことがどのように似ていてどのように違うか書く方法もある。
- 終わりの話し合いでは，子どもたちをローガン家の家族の人間関係に注目させよう。なぜジェレミーはローガン家の子どもたちと友だちになろうとしたのか，子どもたちに聞こう。ジェレミーは独りぼっちだということを子どもたちに気づかせよう。ジェレミーの年齢と考え方のせいで，彼は家族の中で仲間外れだったのだ。ジェレミーがローガン一家に惹かれたのは家族の親密さだった。子どもたちに，ステイシーのジェレミーに対する態度を描写させよう。ステイシーは礼儀正しかったけれど温かくはなかった。ステイシーは若かったけれど，白人が親しそうにしても信用してはいけないということを学んでいたということに，子どもたちは気づくかもしれない。
- 今日読んだところは，黒人を差別するジム・クロウ法が行われていたことを生き生きと描いている。キャシーは，この時代にアフリカ系アメリカ人が置かれている状況を十分に理解できないように，親たちから保護されていたことを指摘しよう。
- 今日のレッスンの終わりに，子どもたちが二つの家族を比較して，ほかにも考えたことを話し合わせよう。

Lesson 6
物語についての感情

(読書課題：『ミシシッピ橋』pp. 38-51.)

（1）目　的
- 登場人物たちの感情について話し合う。
- 伏線の例に気づかせ，それらが物語にどんなインパクトを与えるかわから

第10章　作者研究——ミルドレッド・テイラー

せる。
- 子どもたち自身の感情について書く機会を与える。

（2）ライティングの問い
- 今日読むところで，ジョシアスとジェレミーに起こったことについて，あなたにどんな感情が起こったか説明しなさい。
- 今日読むところで伏線の例をいくつかあげなさい。

（3）進め方
- レッスンの初めに，作者たちは登場人物の感情を表現する様々なテクニックを持っていることを話そう。例えば，作者は登場人物たちの感情を表すのに，登場人物たちが話したこと，ほかの登場人物とどんな交流をしたか，動作や表情を描写する。それから子どもたちに，今まで登場人物たちがどんな感情や感動を持ったかを発表させよう。そのために，今日読んだ場面を読み直して，ある時点の登場人物に焦点を合わせ作者が与えた手がかりを見つけさせよう。
- 子どもたちに，登場人物や物語のできごとに対するレスポンスは，文学への大切なレスポンスであることを話そう。しばしば作者は読者たちの中に，共感とか怒りのような感情を引き起こそうと試みる。読者が本を深く読めば読むほど，読者の読書体験は深まるのである。
- まだ子どもがよく理解していないと思ったら，子どもたちに伏線についておさらいをさせよう。伏線とは，「物語のあとで起こることのヒントや手がかり」であるということを思い出させよう。今日読むところの中から伏線の例を探させよう。
- 今日のライティングの問いは，物語を読んだときの子どもたち自身の感情について探求させるものである。ミルドレッド・テイラーの感情をかきたてる物語は，これらの本を読んだブッククラブの子どもたちに強い感情を起こさせる。その一例を182ページ（5）に示した。終わりの話し合いでは，子どもたちがどんな感情を起こしたか話し合わせよう。
- ジェレミーが「僕にとって，仲間はみんなただ仲間だ……」と言ったことについてよく考えてみよう。この言葉からジェレミーのどんな人柄がわかるだろうか。物語が進むにつれて，子どもたちはジェレミーの考え方につ

いてもっと完全に理解しなければならない。ジェレミーは物語の登場人物の一人だから，差別観のない視点から，直接自分の目で見たことを語っている。

- 子どもたちに，もしジェレミーのお父さんがこれらのできごとを語ったら物語はどう変わるか想像させてみよう（訳注：お父さんは黒人差別主義者であることを前提にしている）。それから子どもたちに，自分たちもジェレミーと同じような感情を持つかどうか聞いてみよう。ジェレミーはジョシアスがはずかしめられたことを感じている。しかし彼は無力で何もしてあげられない。子どもたちにジェレミーと同じような感情を持ったことがあるかどうか聞いてみよう。
- 子どもたちに，橋がぐらついて，古くて腐っていると書いてあるところを読んでどんな気持ちになったか聞いてみよう。ほとんどの子どもたちはサスペンス*が強くなったと答えるだろう。なぜなら，子どもたちはバスがもうじきこの橋を雨の中で渡らなければならないことを知っているからだ。作家は，わざとこの伏線をこれから起こることのヒントとして挿入したのだ。

（4）ほかの教え方

まず，親しみのある手紙の書き方をおさらいしよう。そして，最初のライティングの問いをミルドレッド・テイラーへの手紙にして，この本やほかのテイラーの本を読んだときの子どもたちの感情を描写させよう。この手紙を教師が評価することもできる。

（5）ある子どものライティングの問いに対するレスポンス

> 今日読むところで，ジョシアスとジェレミーに起こったことについて，あなたにどんな感情が起こったか説明しなさい。
>
> この本を読んでいやな気持ちになった。ジェレミーのお父さんがジョシアスをどなりつけているように，みんなが黒人にひどいことをしている。ローガンの子どもたちはジェレミーを新しい友だちにすると思う。ある日ローガンの家族は大変なできごとに巻き込まれ，ジェレミーは彼らを救い出すだろう。

第10章　作者研究——ミルドレッド・テイラー

Lesson 7
作者の目的を分析する

（読書課題：『ミシシッピ橋』pp. 52-62.）

（1）目　的
- 子どもたちに，作者の目的について考えるように導こう。それからなぜ人々は事実をもとにした物語を書くのか考えさせる。
- 「アイロニー*」と「直喩*」という文学的な表現を見つけて理解する。

（2）ライティングの問い
- ミルドレッド・テイラーはなぜこの物語を書いたと思う？
- この物語の終わりのところのアイロニーについて説明しなさい。

（3）進め方
- 今日のレッスンは「作者の目的」が何かについて話し合うことから始めよう。または，作者が読者と一緒に考えようとしている特別なメッセージは何かについて考えよう。『ミシシッピ橋』の最後のところを読んだとき，作者は読者にどんなことを言おうとしているのかを子どもたちに考えさせよう。テイラーは，この物語のアイディアをお父さんが語り聞かせてくれたことから手に入れたのだと子どもたちに話そう。どうして彼女はこの話を記録してほかの人たちに読んでもらおうと思ったのか，子どもたちに聞こう。
- アイロニーと笑いという表現方法について子どもたちに紹介しよう。アイロニーというのは，「きっとこうなるだろうと思ったことと反対のこと」だと説明しよう。例えば，キャンディバーに「楽しいサイズ」と書いてあったのに，実は普通のキャンディバーよりかなり小さかったりするような場合だ。直喩とは「〜のような」を使って示される二つの異なったことである。例えば，『ミシシッピ橋』の11ページでグレイス・アンが「若い松の葉のように緑の瞳」と描写されているような表現である。直喩を使うと，あることについてほかのことと比較することで理解が深まる。この本の最後のところを読みながら，直喩とアイロニーについて理解させよう。
- 終わりの話し合いで，子どもたち自身の生活の中からアイロニーの例を言

わせてみよう。例えば，楽しみにしていたイベントに行く朝，寝過ごしてしまってキャンセルしたことはないだろうか（訳注：期待と反対のことが起きたアイロニー）。作家たちはアイロニーを使ってテーマや作家の考えを伝え，物語を実際に起きたことのように現実的に表現する。12ページと17ページに戻ってハティーとジョシアスの会話に注目させよう。ハティーは「バスで行った方が安全よ」と言った。しかしジョシアスは「神様が祝福して微笑んでいるよ」と言った。この二人の会話はそれぞれどんなアイロニーになるだろうか（ジョシアスの場合，「バスが出たときは無事に帰れるとは思わなかった。だけど彼は生きて帰れた。だから今日はラッキーな日だった」というアイロニーだ）。アイロニーで物語が終わることには，このほかにもどんな効果があるか子どもたちと話し合ってみよう。

- 作者がこの本を書いた目的と物語の終わりのアイロニーとはどんな関係があるか考えてみよう。そのために，なぜ作者は，お父さんから聞いた昔話をもとに，この物語を書いたか話し合わせてみよう。
- 今日読んだところの中で直喩の例を見つけさせよう。このような直喩で比較することで物語の悲劇性が高まることについて子どもたちと話し合おう。ジェレミーはバスを「死んだなまずのように腹を上にしていた」と言い，グレース・アンの体を「太陽のような髪の濡れた人形」と比較した。ジェレミーのようないなかに住む少年は，直喩するときに，普段見慣れたものと比較していることを指摘しよう。
- 本を読み終わる前に，物語の登場人物やできごとについて，子どもたちが気づいたことや言いたいことを語らせよう。クラスでつくった「物語の要素の表（Think Sheet 14：巻末210ページ）」に新しいことをつけ加え，子どもたちがリーディングログに書いている自分の表にも，自分たちが考えた重要と思うことを書き加えさせよう。

第10章　作者研究——ミルドレッド・テイラー

Lesson 8

テクストとテクストの関係

（読書課題：『友情』pp. 9-30.）

（1）目　的
- 子どもたちと「テクストとテクストの関係*」についておさらいをする。
- 外面的な対立が物語の状況とどう関係するかについて話し合う。
- 登場人物たちの行動と発言から将来のできごとを予測する。

（2）ライティングの問い
- 物語のこの部分でどんなことが起きているとあなたは思う？　あなたの意見の根拠としてミルドレッド・テイラーのほかの本について考えなさい。
- この物語ではどのような対立があったか図に描きなさい。それらは物語の起きた時代とどう関係があるだろうか。これらの対立の結果としてこれからどんなことが起きると思う？
- 登場人物たちについて説明しなさい。

（3）進め方
- この単元は，子どもたちがミルドレッド・テイラーのほかの本との関係について考えるのに最適である。「テクストとテクストの関係」という言葉についておさらいしよう。似通った登場人物やあらすじやテーマの本や映画があり，それらを想起させることがあるということを，必要に応じて説明しよう。そして子どもたちに，今まで読んだ本や見た映画や，ミルドレッド・テイラーの本や読み聞かせた本の間の関連について話させよう。本と本や映画と映画の関連性を示すモデルを，教師が，似ているところと違うところの対照表やベンダイアグラム*などで見せるとよい。
- 同じ作家が書いた物語には同じような特徴があることが多い。その理由は単純で，特定のメッセージや課題や経験や登場人物を表現することが作者にとって重要だからである。Think Sheet 14（巻末210ページ）に書いたことを見るとテイラーの作品の共通点がわかる。
- コンフリクト*という考え方についておさらいしよう。内面的なコンフリクトは登場人物の心の中で起こるが外面的なコンフリクトは目に見える戦い

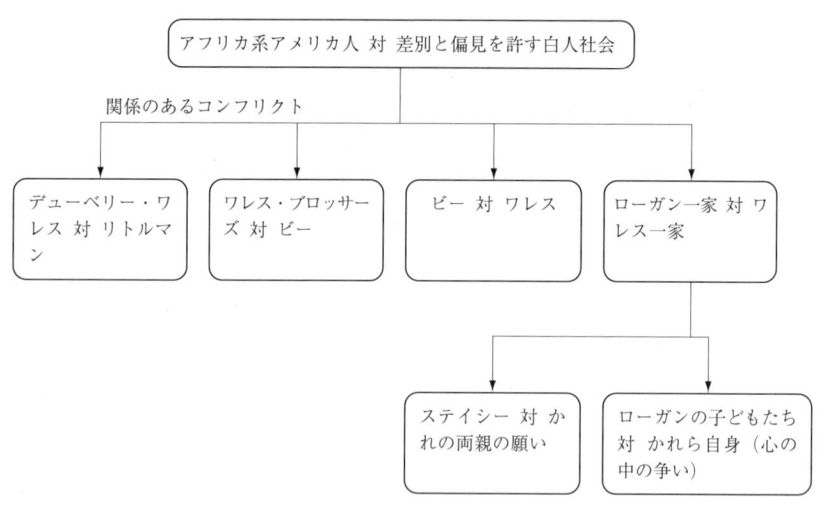

```
                    ┌─────────────────────────────────────┐
                    │ アフリカ系アメリカ人 対 差別と偏見を許す白人社会 │
                    └─────────────────────────────────────┘
         関係のあるコンフリクト │
    ┌──────────┬──────────┼──────────┐
    ▼          ▼          ▼          ▼
┌────────┐ ┌────────┐ ┌────────┐ ┌────────┐
│デューベ │ │ワレス・ │ │ビー 対 │ │ローガン │
│リー・ワ │ │ブロッサー│ │ワレス   │ │一家 対 ワ│
│レス 対  │ │ズ 対 ビー│ │         │ │レス一家 │
│リトルマン│ │         │ │         │ │         │
└────────┘ └────────┘ └────────┘ └────────┘
                                        │
                                   ┌────┴────┐
                                   ▼         ▼
                               ┌────────┐ ┌────────┐
                               │ステイシー│ │ローガンの│
                               │対 かれ  │ │子どもたち│
                               │らの両親 │ │対 かれら│
                               │の願い   │ │自身（心の│
                               │         │ │中の争い）│
                               └────────┘ └────────┘
```

図10-1 子どもたちの見出したコンフリクト

で，登場人物同士，登場人物と自然，登場人物と社会の間で起こることを話そう。しばしば，ある大きなコンフリクトはほかのコンフリクトを導く。この物語では大きなコンフリクトは場面設定に関係している。Think Sheet 15（巻末211ページ）を配り，今日読んだ部分で見つけたコンフリクトを図に描かせよう。

- 終わりの話し合いで，最初に本と本の間の関係に焦点を合わそう。ミルドレッド・テイラーの二冊の本を読んだ後で，子どもたちは「友情」のテーマは何だと思っただろうか。この物語の最初の部分で，子どもたちはどんな偏見の例に気づいただろうか。

- 偏見についての話し合いから，この物語の最初の部分に描かれたいくつかのコンフリクトについて考えさせよう。まず物語の置かれた状況から大きなコンフリクトが生まれ，やがてそれはほかの小さなコンフリクトを生んでいく。当時の社会は明らかな差別を許していたので，ワレスたちはリトルマンを迫害し，ビーをおどすことができた。図10-1は，子どもたちが見出したコンフリクトである。Think Sheet 15にほかのコンフリクトを書いた子どもがいたら発表させよう。

- 終わりに，子どもたちに，これらのコンフリクトや今まで読んだことを

使って次にどんなことが起こるかを予測させよう。
（4）7週の単元との関連
　今まで子どもたちは，1930年代に南部のアフリカ系アメリカ人たちが置かれていた状況についての多くの情報を集めた。クラス全体で，この単元の第2週でつくったポスターに戻ろう。ポスターに書いたことに，その後わかったことを書き加え，フィクションはどのようにして読者に情報を伝えるか考えさせよう。

Lesson 9
友情についてのコンセプトウェブ

（読書課題：『友情』pp. 31-42.）

（1）目　的
- 友情とはどういうことか探究する。
- 物語のタイトルについて子どもたちに考えさせる。
- 約束を守ることの大切さについて，子どもたちに考えさせて書かせる。

（2）ライティングの問い
- 友情とは何か書こう。また物語の中で友情とはどういうことだと書かれていただろうか。
- あなたは約束を守るのが難しいのに約束したことはないだろうか。それはいつどんなときか書いてみよう。また，あなたが約束をしなかったことはないだろうか。そんなとき，あなたはどんな気持ちがしただろうか。

（3）進め方
- コンセプトウェブ*を黒板に書こう。真ん中の円に「友情」と書こう。子どもたちに友情からどのようなことを連想するか聞いて発言させてみよう。本当の友だちとはどんな性質を持っているのか，またどんな性質を持っていないのかを考えて話させよう。子どもたちから出た発言を周囲の円の中に書き入れていこう。
- 今日の読書課題を，子どもたちにペアを組ませて交替に音読させてもよい。
- 子どもたちはブッククラブのグループに集まったあとで，さきほど黒板に

第Ⅱ部　実践編

書いた友情のコンセプトウェブにグループで話し合って新しく考えたことを書き加えさせよう。名前の呼び方というのは重要であると子どもたちに言おう。名前の呼び方で人と人がどういう関係かわかるからである。トム・ビーがワレスを苗字でなくて名前で呼ぶときは二人に上下関係がないことを表している。現代社会にも似たようなことはないだろうか。ある子どもが学校の外でお金持ちで人気のある子どもと親しくしていたとき、学校の中でその子と会うといやな気持ちがする。こういう友だちは本当の友だちと言えるのかどうか子どもたちに考えさせよう。また、友だち同士にはお互いにやらなければならないどんな責任があるだろうか、子どもたちに聞いてみよう。

- なぜミルドレッド・テイラーはこの本に『友情』というタイトルをつけたのだろうか。アイロニー*だろうか。
- 子どもたちが、友だちとの約束について自分の人生のできごとを書いた二つ目のライティングの問いについて書いた文章を読み返して、どんなことがわかったか分析してみよう。この課題の締切日を決めて、完成版を書き終える前にブッククラブのグループでお互いに意見を出し合って原稿を修正しよう。

Lesson 10
登場人物たちの行動の動機を理解する

(読書課題：『友情』pp. 43-53.)

(1) 目　的
- 登場人物たちの行動と発言、今までのできごとと状況を考えて、登場人物たちの行動の動機を見出そう。
- テイラーの三冊の本の関連を明らかにしよう。

(2) ライティングの問い
- ローガン一家とビーが店に戻ったとき、なぜジェレミーはキャンディーケイン（訳注：紅白の杖の形のあめ）を食べていなかったのだろう。
- 47ページでビーが戻ってステイシーに会ったとき、ビーはどんなことを考

えていただろうか。
- なぜワレスは銃をもう一度撃たなかったのだろうか。

（3）進め方
- もし作家が登場人物たちをうまく描いていたなら，読者は登場人物たちがどうして様々な状況に対してある行動をとったのかをよく理解することができる。ワレスのとった行動や発言から，ワレスについてどんなことがわかるか子どもたちに聞こう。それから子どもたちに，ビーについてわかっていることを描写させよう。42ページに，ビーがワレスを長い間で初めて人前で苗字でなく名前で呼ぶようになったと言ったことに注目させよう。この発言でビーの人柄についてどんなことがわかっただろうか。
- この本を読み終わってから，Think Sheet 14（巻末210ページ）にさらに詳しいことを書き入れよう。
- 終わりの話し合いで，「最後の場面で登場人物たちはなぜこのような行動をとったか」についてと「登場人物たちの行動の動機がわかると，読者は本についてどんなことがわかるか」について話し合おう。まず，ステイシーはなぜ店に入ってきてビーをどなったのか。この行動からステイシーの人柄についてどんなことがわかったか。次に子どもたちにビーのレスポンスについて注目させよう。ビーはステイシーを見て，立ち止まって，うなずいた。そのときビーにどんなことが起こったのだろうか。ビーやワレスの行動の動機について子どもたちにたずねよう。二人とも信念を持って行動したのだろうか。ワレスは信念に基づいて行動したのだろうか。それともほかの人の意見に動かされたのだろうか。それとも人々にばかにされるのを恐れたのだろうか。
- 子どもたちが，それぞれのブッククラブのグループで話し合ったほかの意見やこの本全体についての意見を発表させよう。どうしてワレスはビーをもう一度撃たなかったのだろうか。二人の争いは決着がついたのだろうか。決着がついたと思うかつかないと思うか子どもたちに理由をあげて意見を発表させよう。
- 今日のレッスンの終わりに，Think Sheet 14について話し合おう。クラスでつくった表に新しくわかったことを書き加えよう。ミルドレッド・テ

イラーの四冊の本の間には、さらに新しい類似点が見つかっただろうか。
(4) ほかの教え方

あるブッククラブの教師は、クラス全体が一緒に物語の力強い結末を体験できるように、この本の最後の部分を音読した。このクラスでは子どもたちは結末に圧倒された。

Lesson 11
シンボリズム

(読書課題：『金のキャデラック』pp. 9-26.)

(1) 目 的
- この物語の中心的なシンボル*の意味を探究する。
- セッティング*の重要な細部を見つける。

(2) ライティングの問い
- この物語の置かれている状況からどんなことを学んだか。
- ロイスの家族はキャデラックについてどんな感情を持ったか。それに対して親戚や近所の人たちはどのように反応したか。
- どうしてロイスたちのお母さんはキャデラックに乗ることを断ったのか。あなたはお母さんの考え方が正しいと思う？

(3) 進め方
- もう一度シンボリズム*について考えてみよう。国旗やハトや戦争で振られる白旗などについて話し合ってみよう。それぞれどんな意味があるのか、子どもたちに発言させよう。それぞれがそのものを超えた意味があるのである。子どもたちに、作家たちはシンボルを使って深い意味を表現しようとすると話そう。この物語では、キャデラックは異なった人たちには異なった意味があるのである。
- 巻末の作家のノートを音読していつどこでこの物語が始まったか理解させよう。そして、この物語の最初のページを読むときセッティングについてさらに詳しい情報を探させよう。
- ブッククラブのときに、子どもたちに順番に音読させて、子どもたちに

様々な読み方で表現させてみよう。
- 終わりの話し合いで，この物語の中心的なシンボルであるキャデラックの重要さについて話し合おう。ロイスのお父さんにとってはどんな意味があるのだろうか。車が金色であることはキャデラックのシンボルとしての価値をどのように高めているのだろうか。北部ではキャデラックは成功のシンボルであることが，子どもたちはわかるだろう。よい家庭生活を送り，自分が手に入れたことを誇りに思って自由にキャデラックを乗り回している。それはがむしゃらに働いたことと能力の高さへの報酬なのだ。しかし南部の多くの白人にとってキャデラックは違う意味を持っている。南部でキャデラックを運転するとどんな危険があるだろう。子どもたちが今までに読んだこととウィルバートの家族の反応から，理解するだろう。多くの南部の白人は，キャデラックは傲慢のシンボルであり思いあがっていると思っているのだ。このシンボルに二通りの意味があることによって，この物語が伝えようとしていることにどんな意味が加わるだろうか。
- セッティングについて話し合って授業を終えよう。子どもたちは，この物語が第二次世界大戦の後で，オハイオ州のトレドで起こったことをノートにとっているだろう。第２週で提案したポスターづくりの活動が終わっていたら，1950年代のポスターを見直して，その時代の南部と北部の生活についてどんなことを知っているか思い出させよう。

（4）テクストとテクストの関係[*]

シンボルに二通りの解釈があることに理解を深めるために「読むことを学ぶ」ということが1800年代の終わりのアフリカ系アメリカ人にとってどういう意味があったか探究しよう。それから，多くの南部の白人にとって，アフリカ系アメリカ人が「読むことを学ぶ」という同じ行為が，白人たちの権力と社会的な階層に対して脅威であったことを子どもたちに教えよう。

Lesson 12
似ているところと違うところを比べる

(読書課題:『金のキャデラック』pp. 27-43.)

(1) 目 的
- 作家が「似ているところと違うところの比較*」という表現技術をどう使っているか探究する。
- セッティング*の違うところを比較することは,テーマに深くかかわることを子どもたちに気づかせる。

(2) ライティングの問い
- この物語に出てくる二つのセッティングの似ているところと違うところを比較しよう。
- どうしてロイスのお父さんはキャデラックを売ったのだろうか。そのことからお父さんはどんな考えを持っていたかを考えよう。
- あなたの Think Sheet 14 (巻末210ページ) にこの物語の詳しいことを書き足そう。

(3) 進め方
- テーマをより効果的に表現するために,作者はどのようにして「物語の中の似ているところと違うところ」を使っているか子どもたちと話し合おう。この物語では,登場人物たちの活動の舞台は北部から始まっているが南部に移動する。両方の土地について描くことで,作者はアフリカ系アメリカ人たちが置かれた状況がどのように違っているか読者にわからせる。登場人物たちの家族がミシシッピに移動する場面を読む中で,どんな違いがあるか子どもたちに観察させよう。
- 子どもたちが音読する前に,今日の読書課題を教師が音読して,なめらかに音読する技術を子どもたちに聞かせよう。効果的に読むためには,どのような声の上がり下がりで読むか,句読点をどのように正しく読むか,どのような速さと声の大きさで読むかを子どもたちに聞かせよう。それから,残りの部分を子どもたちに順番に音読させて,教師は子どもたちの間を巡回してなめらかに読めているかどうかチェックしよう。Evaluation Sheet

第10章　作者研究——ミルドレッド・テイラー

3（巻末214ページ）を使ってノートをとり子どもたちを評価しよう。
- 子どもたちが音読した後で，ライティングの問いについてブッククラブのグループで話し合おう。子どもたちに，二つの場面にどんな違いがあるかたずねよう。黒板にベン図を描いて詳しい違いを書き込もう。「白人だけ」と書かれた看板やキャデラックが走ると疑い深そうににらみつけられることを子どもたちに気づかせよう。ロイスのお父さんが休憩をとるために道端に駐車しているときも家族は見張っていなければならないし，雰囲気が敵意に満ちているのでロイスは家族を守るためにピクニック用のかごからナイフをつかんだというところにも注目させよう。
- 二つの場面の違いは作家がテーマを伝えるのに効果的である。子どもたちにどんなテーマがあるのかいくつかあげさせてみよう。子どもたちは様々な意見を出すだろう。アフリカ系のアメリカ人は南部に住むことが許されない，と言う子どももいるかもしれない。どんなに才能があってもどんなに成功していても，彼らは白人たちが願っているような生き方をしなければならない。偏見の犠牲になることへの恐怖は，二つの場面の違いが際立たされることで一層強まる。
- 時間があれば，子どもたちが Think Sheet 14 に書いたことを発表させて，詳しいことをクラスの表に書き加えよう。

（4）テーマについてのビッグクエスチョン

　これで子どもたちは四つの物語を読んだ。最初に示したテーマについてのビッグクエスチョンについて答えられるかもしれない。これらの問いについて考えて Evaluation Sheet 9（巻末220ページ）に書き込むことで Lesson 14 のエッセイの準備をしよう。

Lesson 13

テーマ

（Lesson 13 は読書課題，ライティングの問いはない）

（1）目　的
- 子どもたちに，四つの物語に繰り返される複数のテーマと共通する要素を

第Ⅱ部　実践編

　　見つけさせる。
- ミルドレッド・テイラーについてもっと子どもたちに学ばせる。

（2）進め方
- ある作家の作品の中で繰り返されるテーマは，人々や場所や様々な課題について作家が何度も繰り返すメッセージや考えである。同じ作家によるいくつかの作品はいくつかの似たテーマを持っている。これは，ある作家は普通自分にとって重要であったりなじみ深かったりする主題や考えについて書く意欲が湧くからである。
- 同じ作家の作品の中では，語り手や登場人物や場面・状況の選び方や文学的な表現方法などよく似た要素が繰り返し出てくることを子どもたちと話し合おう。子どもたちと完成した Think Sheet 14（巻末210ページ）を見て，ミルドレッド・テイラーの四冊の本に共通する要素を見つけさせよう。
- ブッククラブで話し合う準備のために，ミルドレッド・テイラーが何度も繰り返して書くテーマについて，子どもたちにリーディングログに書かせよう。このサンプルを195ページ（3）に載せた。
- 子どもたちをブッククラブのグループ毎に集まらせて，四冊の本について似ているところと違うところについて話し合わせよう。
- 終わりの話し合いで，黒板にいくつかの共通するテーマについてのコンセプトウェブ*を描かせよう。キーワードの周囲の円に様々なテーマについての考え方を描こう。この単元を教えたある教師は，この日のクラスでのテーマについての話し合いは格別にエキサイティングでパワフルだったと報告した。彼女のクラスでは，子どもたちがテイラーの四冊の本の間の関連を見つけただけでなく，ほかの本との関連も見つけた。それは，アメリカに初めてやってきた移民のグループをアメリカ人がどう扱ったかというコンフリクトや，ヨーロッパ人たちがネイティブ・アメリカン（訳注：アメリカに元から住んでいた人々）をどう扱ったかというコンフリクトや，現代社会にもある偏見から起こる様々なできごとのコンフリクト*などであった。
- テイラーの本を読んで，登場人物や，セッティングや，テーマについてどんなことが楽しかったか子どもたちに聞こう。それから，読んだときどん

第10章　作者研究——ミルドレッド・テイラー

　　なことが不愉快になったかも話させよう。
- 終わりの話し合いで，テイラーの物語を読んだり，本の中の「著者について」を読んで，ミルドレッド・テイラーと家族についてどんなことがわかったか話し合おう。彼女と家族についてもっと調べて次のレッスンで発表するように激励しよう。

（3）ミルドレッド・テイラーの四冊の本に繰り返し現れるテーマについて子どもたちが書いた文章のサンプル

　　私は，繰り返されるテーマは「黒人や有色人種は公平に扱われていない」ということだと思う。彼女は「人生はいつも簡単ではない」ということを知らせたいのだと思う。彼女はみんなにこのことがどんなにひどいことかを知らせ，こんなひどいことが繰り返されてはいけないと言いたかったのだと思う。
　　それから，私が考えたことは，有色人種の視点からどう見えるかということを知らせたかったのだと思う。しかし『ミシシッピ橋』は違っていて，黒人を憎まない白人の視点で語られている。彼女は，全部の白人が有色人種を憎んでいるのではないが，憎んでいる白人は本当にひどいということを言いたいのだと思う。
　　もし，私がこのような本を書いたとしたら同じようなメッセージを書いただろう。なぜなら私たちは，今，（訳注：差別がなくて）本当にラッキーだと思うからだ。

　　くり返されるテーマは白人と黒人との間の偏見だと思う。
　　『木々の森』では，アンダーソンたちが許可もないのにたった60ドルでぜんぶの森を買い取り，少し木を切るだけだと言った。
　　『ミシシッピ橋』ではワレスはルディンにお金を払わなければ帽子をかぶらせないと言った。バスの運転手は，ジム・クロウ法にしたがって人種差別し，黒人たちをバスから追い出して白人たちをそこに座らせた。
　　『友情』では，ビーがワレスを「ワレス」と呼ばないでただ「ジョン」と呼んだので，ワレスは銃でビーの足を撃った。
　　『金のキャデラック』では，黒人がすてきな車を運転してるのを見たけい官が，スピードい反でつかまえて，ばっ金をはらわせ，3時間りゅうち場に入れた。学んだことは「ぜったいに偏見をくり返すな」だ。

第Ⅱ部　実践編

Lesson 14
プロセスライティング——クリティカルレスポンス*
(Lesson 14 は読書課題，ライティングの問いはない)

（1）目　的
- ブッククラブの終わりにエッセイを書く機会を与えること。
- この作者についての情報と彼女の創作の動機を関連づけること。
- 子どもたちの本の理解を評価する。

（2）進め方
- ミルドレッド・テイラーについて何か新しい情報があるかたずねる。自分自身の人生や家族の歴史についてのできごとを書くとどんな利益があるだろうか。家族の歴史について書いておくと古い記憶が後の世代のために保存されることについて話し合おう。
- 四冊の本をどれだけ理解しているか自己評価できるようなエッセイを書くように子どもたちに話そう。まず，この課題について，子どもたちに何か疑問や意見はないかをたずねよう。それから次の話題の中から子どもたちに選ばせて，プロセスライティング*を始めさせよう。
    - ——ミルドレッド・テイラーの本は，私たちに人生について教えてくれる。この四冊の本からあなたが学んだことの中で，一番よかったことは何だろう。
    - ——四つの物語の中であなたが一番すばらしいと思うのはだれだろう。ミルドレッド・テイラーはその登場人物をどのように描いているだろうか。
    - ——ミルドレッド・テイラーの本は偏見と人種差別についてのテーマを扱っている。あなたは偏見と人種差別について，この本からどんな影響を受けただろうか。
    - ——このほかに，ミルドレッド・テイラーの物語の中であなたが重要だと思ったり面白いと思ったコンフリクトについて書こう。
- エッセイを完成するのに数日間かけさせよう。プロセスライティングに専念させるために一日の中で独立した時間を設けるとよい。

第10章　作者研究——ミルドレッド・テイラー

Lesson 15
友だちの評価
（Lesson 15 は読書課題，ライティングの問いはない）

（1）目　的
- 子どもたちに友だち同士の評価に参加させる。

（2）進め方
- 子どもたちがプロセスライティングの最初のドラフト（訳注：草案）を完成するまで待ってから最後のレッスンに入ろう。
- Evaluation Sheet 19（巻末227ページ）を配って友だち同士の評価のよいところについて話し合おう。
- 書き手は自分の書いた文章をなかなか客観的に見ることが難しいのだと話そう。ほかの人の目で見ると，もっと表現を書き加えた方がよいところやほかの表現にした方がよいところがわかるときがある。友だちが評価すると，教師が評価して成績をつける前に，建設的な批判をしてもらうことができる。また子どもたちはほかの友だちの書いた作文を評価することによって，どうやってよい文章を書き進めて修正していったらよいかがわかるようになってくる。
- ブッククラブのグループの中で友だちの評価をしよう。二人の友だちから評価をしてもらおう。
- 終わりの話し合いで子どもたちから疑問点を質問させよう。それからクラスのエッセイの締め切りを決めよう。
- 以下は完成したエッセイのサンプルである。

クリストファー・ジョン

　ミルドレッド・テイラーの三部作は三冊の本である。一冊目は『木々の歌』，二冊目は『ミシシッピ橋』，三冊目が『友情』だ。クリストファー・ジョンはミルドレッド・テイラーの三部作の中でぼくの好きな登場人物だ。

第Ⅱ部　実践編

　私はクリストファー・ジョンが好きだ。なぜなら彼は甘いものが好きでたくさん食べるからだ。例えば，『友情』ではクリストファーは店に行ってびんの中のキャンディーをしばらく見つめていた。ほかの例は『木々の歌』で夜ずっと起きていてパンを食べ続けていた。私がクリストファー・ジョンが好きなのは，私と似ているところがあるからだ。

　ぼくと彼が似ているのは二人とも甘いものが好きででたくさん食べることだ。それから二人とも走るのがおそくてすぐ息が切れる。二人ともなまけものだ。二人ともでぶだ。二人が似てないことは，クリストファーはこわがりなところだ。

　彼は橋の上を歩いているときこわくなってしまった。クリストファー・ジョンは歩けなくなってこおりついてしまった。ステーシーの手をにぎって目をつぶって橋をわたった。『ミシシッピ橋』で起きた話だ。ビッグ・マーが死んだときもこわがった。でもみんなこわがっていた。これも『ミシシッピ橋』の話だ。

　これが，ぼくがクリストファー・ジョンが好きな登場人物である理由だ。彼は甘いものが好きでこわがりでたくさん食べて走るのがおそくてなまけものだ。ミルドレッド・テイラーの三部作にはすばらしい話がある。例えば『ミシシッピ橋』だ。ドラマとアクションとサスペンスがある。だから三部作を読むことをすすめる。

日本の読者へのガイド

　ミルドレッド・テイラーという黒人差別を描いた小説を書いた作家の本を読むテーマ単元である。日本では差別や偏見を授業で扱うことは少ないが，ブッククラブでは積極的に取り扱っている。
　この作家の作品を理解するには，黒人解放から公民権運動にいたる歴史についてのバックグラウンドナリッジが必要である。またアフリカ系アメリカ人への差別は過去の歴史としてだけでなく，子ども自身が差別や偏見に対してどう考えるか，どう行動するかを考えさせようとしている。
　日本でもあらゆる差別や偏見について子どもたちが学び差別や偏見のない社会をつくろうとすることを自分の問題として考えさせるべきである。

第10章 作者研究――ミルドレッド・テイラー

なお、「②　リードアラウドする文学」のところで、原著には，
〇ノンフィクション（5冊）
Zita, A. *Black Women Leaders of the Civil Rights Movement./* Ellen, L. *Freedom's Children: Young Civil Rights Activists Tell Their Own Stories./* Ed, C. *Martin Luther King: The Peaceful Warrior./* Diane, P. *The New York Public Library Amazing African American History./* Vincent, H. *We Changed the World: African Americans 1945-1970.*
〇小説（1冊）
Patricia, C. M. *Color Me Dark: The Diary of Nellie Lee Love, The Great Migration North.*
〇絵本（8冊）
Libba, M. G. *Dear Willie Rudd./* Sandra, B. *From Miss Ida's Porch./* Margaree, K. M. *Granddaddy's Gift./* Jacqueline, W. *The Other Side./* William, M. *The Piano./* William, M. *Richard Wright and the Library Card./* Marybeth, L. *Sister Anne's Hands./* Evelyn, C. *White Socks Only.*
〇詩（1冊）
Ann, W. P. *Mary Jane McLeod.*
〇特別な学級文庫（6冊）
Caroline, B. *Burning Up./* Mary, C. *The Civil Rights Movement for Kids./* John, N. *Edgar Allan./* Joe W. T. *From a Raw Deal to a New Deal? African Americans 1929-1945./* Yoshiko, U. *Journey Home./* Sook, N. C. *Year of Impossible Goodbyes.*
が掲載されている。

資　料

Think Sheet

Evaluation Sheet

用語集

Think Sheet 1　必要なものとほしいもの

▼ サバイバルに必要なものと，人々がほしがるけれど本当は必要ないものをあげなさい。

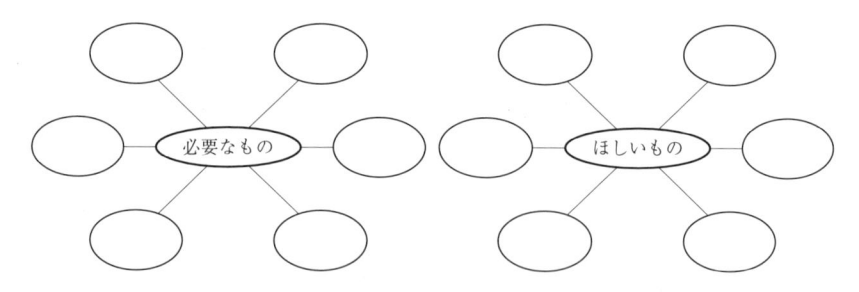

```
   ○     ○              ○     ○
○  必要なもの  ○      ○  ほしいもの  ○
   ○     ○              ○     ○
```

Think Sheet 2　作者について調べよう：ゲイリー・ポールセン

ゲイリー・ポールセンについて私が知りたいこと
_____
_____
_____

どうやって調べたらいいだろうか
_____
_____
_____

調べてわかったこと（どうやって調べたか）
_____
_____
_____

Think Sheet

Think Sheet 3　生き残るために，どんな素質や技術が必要か？

▼ 非常にたいへんな状況で生き残るために，どんな個人的な素質や技術が必要だろうか。あなたの意見を下の表に書きなさい。

個人的な素質	なぜそれがたいせつか。

技　術	なぜそれがたいせつか。

Think Sheet 4　すばらしい言葉たち

▼ 読んでいるときに，おもしろいと思ったりよくわからないと思った言葉を記録しよう。後で，クラスメイトと言葉の意味について話し合いをしよう。

ページ	言　葉	なぜおもしろい？　どんな意味？

■ Think Sheet 5　　私のリーディングログでどんなことができるか（例1）

私と本
　読んだことが，私自身の人生について思い出させることがよくある。私は，私の人生について思い出させる，本の中のできごとや登場人物について書くことができる。本の中にどんなことが書いてあって，それが私の人生のどんなことを思い出させるのか書く必要がある。

シークエンス
　物語のできごとを起こった順番に並べて思い出すことは，とても重要である。おもなできごとを並べた表やマップやできごとのリストをつくって「なぜできごとを並べることが重要か」説明することができる。

サマリー（要約）
　物語の一部分や全部を要約することが重要なことがよくある。私が選んだ部分の要約を書いて，なぜ私がこの部分を要約したかを説明することができる。

感　情
　ときどき，本が私にとくべつな感情を起こさせることがある。私はその感情について書くことができ，なぜその本が私にそのような感情を起こさせたのか話すことができる。

キャラクターマップ
　私は，物語の中の人物をマップに描くことができる。マップの中に，登場人物の特徴や描写や行動や，その人物についてそのほかに何でもおもしろいと思ったことを書くことができる。

予　測
　私は，物語の中で今まで起こったことについて考え，次に何が起こるか予測することができる。私は，本全体について予測することも，次の章について予測することも，物語がどのように終わるか予測することもできる。

ほかの本や映画との関係
　読んだことがほかの作品（読んだ本とか見た映画とか）を思い出させることがよくある。
　私は，ほかの作品がどんなことを思い出させたのか，そしてなぜ思い起こさせたのか話すことができる。

Think Sheet

▣ Think Sheet 6　　私のリーディングログでどんなことができるか（白紙のもの）

Think Sheet 7　人生のサイクル

▼ 人生は生まれてから死ぬまでまわる輪のようです。下の輪を使って，人生の輪についてあなたの考えたことをまとめて描きなさい。

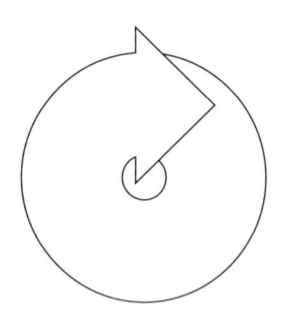

自然の中では，死から新しい命はどのように生まれるだろうか。

Think Sheet 8　リーディングログのチェックリスト

選んだレスポンス	日　に　ち							
私と本								
シークエンス（おもなできごと）								
気持ち								
本と本の関係								
予　測								
キャラクターマップ（人物マップ）								
要　約								
作家の技術								
お話の特別な場面								
グループの友だちへの質問								

Think Sheet

🔳 Think Sheet 9　　ファンタジーとほんとうのことはどこが違うかな

ほんとうのこと	ファンタジー

🔳 Think Sheet 10　　KWLチャート（知ってる・知りたい・わかったチャート）

知ってること	知りたいこと	わかったこと

Think Sheet 11　私のリーディングログでどんなことができるか（例2）

作家の技術*
作者はとくべつな言葉を使うことがよくある。その言葉で心に絵がうかぶことがある。私もそんな言葉を使ってみたくなる。ゆかいな言葉やほんとうに楽しい会話もある。

なぜ私がこの物語を好きになったか，いくつかの例をあげることができる。

お話のとくべつなところ
この本の中で，私がいちばん好きなところをみつけたとき，どこか後で思い出せるように私のログにそのページを書くことができる。なぜそこがとくべつに好きなのか，くわしく書くことができる。

予　測
今までにどんなことがこのお話であったか思い出すことができる。それからこの本のお話がどうなるか，次の章がそうなるか，終わりがどうなるか予測できる。

グループの人たちへのしつもん
物語を読んで，どうしてかなと不思議に思うことがよくある。私は友だちにする質問を書いて，友だちに答えてもらい，物語をもっとよくわかるようになることができる。

友だちに，この物語についてどんな気もちになるかしつもんすることもできる。

要　約
お話のぜんぶや一部を再話したり要約することは，私にとってだいじなことが多い。私は，この本のどこかを選んで要約して，なぜそこを要約したか話すことができる。

本と本や映画とのかんけい
本を読むとまえに読んだ本や見た映画を思い出すことがよくある。

私はどんな本や映画を思い出したか，またどうして思い出したか説明することができる。

Think Sheet 12　「すばらしい言葉」から学ぼう

　すばらしい言葉とは，おもしろかったり難しかったりする言葉だ。あなたが読んでいるときに，リーディングログや作文の中で使ったらおもしろいけれど，よく意味のわからない言葉を探してみよう。

1. おもしろかったり難しかったりする言葉を見つけよう。
2. あなたのログに，その言葉を書き，その意味と，本の何ページにあったかを書こう。
3. いつも辞書を持っていて，新しい言葉の意味を調べたり，作文に書いたりできるようにしよう。
4. 辞書を見てもよく意味がわからなかったり，辞書がないときはこんなことをやってみよう。
   a) その言葉が入っている文をもう一度読もう。その言葉の前や後をよく読んで，その言葉がどんな意味かわかる手がかりを見つけよう。
   b) その言葉の意味が，あなたはだいたいわかっていると思っていても自信がないときは，意味が通るようなほかの言葉で置き換えよう。
   c) その言葉は飛ばして読み続けよう。その言葉の前や後の文をよく読んで，その言葉の意味を考えよう。
   d) その言葉をログに書いて，クラスの友だちとどんな意味だか考えよう。
   e) その言葉の中の部分をよく見よう。言葉の中の部分が言葉の意味を考える手がかりになることがある。

Think Sheet 13　キャラクターマップ

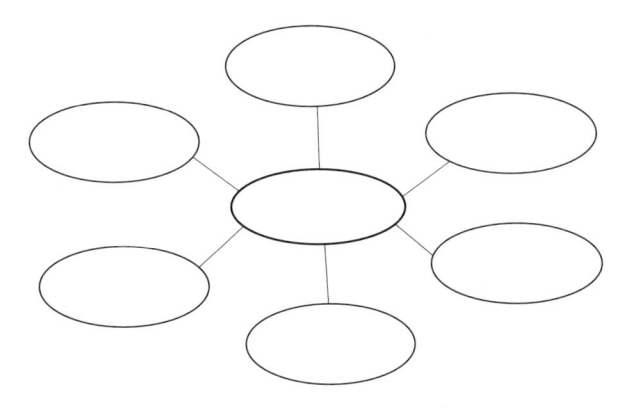

Think Sheet 14　物語の要素の表

ストーリーの要素	『木々の歌』	『ミシシッピ橋』	『友情』	『金のキャデラック』
セッティング（状況） 　どこでいつ物語が始まるか				
視点 　語り手について説明する				
プロット（構想） 　物語の中でどんな対立や争いが起きたか 　重要なできごとを書きならべよう				
登場人物 　だれが主要人物たちか(1)				
作家の技術 　作家が用いる文学的な技術をあげてその例もあげる				
テーマ(2) 　物語の中からいくつかのはっきりしたテーマや作者の考えを書きなさい				
この本を読んで私が考えたこと				

訳注：(1)　複数の主要人物がいることを前提にして main characters と複数で書いてある。
訳注：(2)　themes と複数扱いで，複数のテーマがあるとしている。

Think Sheet

▣ Think Sheet 15　　コンフリクトチャート

▼ 多くの物語には一つの大きなコンフリクトと，その大きなコンフリクトと関係があるいくつかの小さなコンフリクトがある。この図に，あなたが読んでいる本のコンフリクトを書きなさい。足りなければ欄を足しなさい。

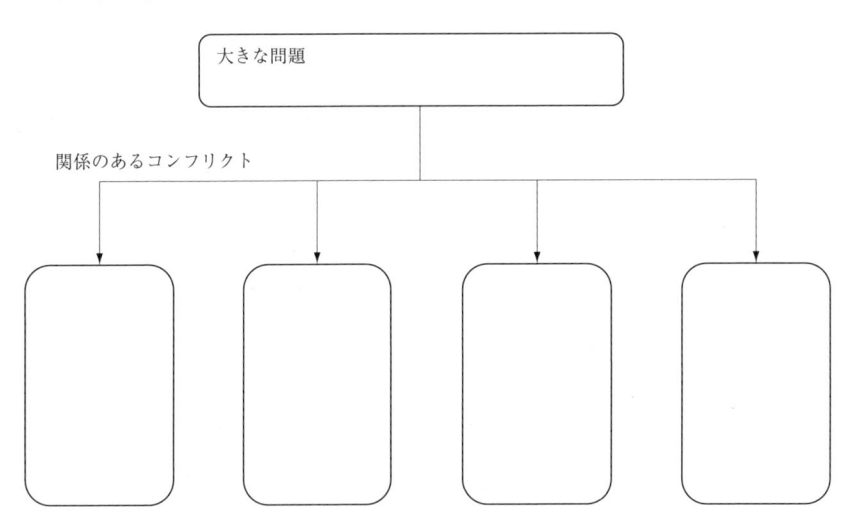

```
            ┌─────────────────────────┐
            │       大きな問題          │
            └─────────────────────────┘
関係のあるコンフリクト
   ┌──────────┬──────────┬──────────┬──────────┐
   ▼          ▼          ▼          ▼
┌──────┐  ┌──────┐  ┌──────┐  ┌──────┐
│      │  │      │  │      │  │      │
│      │  │      │  │      │  │      │
└──────┘  └──────┘  └──────┘  └──────┘
```

Think Sheet 16　インタビューシート

価値についての質問

このシートを使ってインタビューのプランを立てなさい。
あなたの質問に対する答えを別の紙に書きなさい。

私が価値について知りたいことは
....
....
....

質問の案

1. ....
2. ....
3. ....
4. ....
5. ....
6. ....

インタビューする二人の人

名前 ....　年齢 ....
名前 ....　年齢 ....

ノート
....
....
....
....
....

🔲 Evaluation Sheet 1　　ブッククラブルーブリック

単元：＿＿＿＿＿＿＿＿　日付：＿＿＿＿＿＿＿＿

ルーブリック＼グループメンバー					グループの評価	例・メモ
話題から離れない						
ほかの教材との関連性を見出す						
話題に関連した意見を交流する						
適切な質問をする						
話し合いを聞く						
仲間の意見に対して自分の意見が言える						
なめらかな会話ができる						
証拠をあげて意見が言える						
テキストをよく理解していることを表現できる						

注：(1)　教師は，最高を4，最低を1で評価する。
注：(2)　「例・メモ」は評価の理由を書く。

Evaluation Sheet 2　ブッククラブ観察シート

子どもの名前	ログについて話し合っている	意見を出し合っている	聞いて答えている	質問をしている	話し合いに参加していない

子どもが上記の活動（例：話し合っているなど）をしていたら上の各欄にチェックする。

総合評価（名前の右側に記入）
* ＊　とてもよい
* ＋　よい・OK
* −　よくない
* 0　まったく参加していない

学習していない行動
1. ログを書いている
2. 鉛筆や物で手遊びしている
3. 机に顔をふせている
4. ブッククラブの話題以外のことをメンバーと話している
5. いすから離れ，立ち歩いている

Evaluation Sheet 3　音読のよどみなさチェックリスト

子どもの名前	表現力がある	句読点を意識している	なめらかに読む	速さ・声の大きさ	テクストを理解している	読み間違い	読み間違いを自分で直せる

Evaluation Sheet 4　私のブッククラブの目標を立てる

名前：_____　日付：_____

▼ よいブッククラブの話し合いとは何かについて話し合った。あなた自身のための個人的な目標を二つ選んで，チャートに書きなさい。それから，なぜあなたがこの目標を選んだか，どうやって目標を達成するか書きなさい。

よいブッククラブディスカッションの目標	なぜ私はこの目標を選んだか	どうやって私はそれぞれの目標を達成するか
1.		
2.		

Evaluation Sheet 5　　私のリーディングログの目標を立てる

1. 前の単元であなたが書いたリーディングログを全部読みなさい。
   一番よいと思うところを書きなさい。
   なぜあなたがそこを選んだか，そのどこがよいのか書きなさい。

2. 次に，あまりよくないあなたのリーディングログをさがしなさい。
   なぜそれが嫌いなのか，それをよくするにはどうしたらよいか書きなさい。

3. この情報にもとづいて，次の単元であなたが書くリーディングログの目標をいくつか書きなさい。

Evaluation Sheet 6　ブッククラブ自己評価

1. あなたのグループは，今日どんなことをした？

2. あなたはどんな発言をした？　それはうまくいった？　うまくいかなかった？

3. あした，グループの話し合いがうまくいくために，あなたはどんなことができるだろうか。どんなことをしたい？

Evaluation Sheet 7　ブッククラブチェックリスト

ねらい	月日	月日	月日	月日	月日	気をつけたいこと
話題から離れない						
ほかの本とのつながりを見つける						
話題に関係のあることを話し合う						
よい質問をする						
話し合いをよく聞く						
ほかの人の意見について自分の考えを話す						
証拠をあげて話す						

Evaluation Sheet 8　リーディングログの自己評価

ねらい	月日	月日	月日	月日	月日	月日	月日	月日
重大な考え，重要な問い，主な登場人物たちに焦点を合わせた								
テクストと自分の個人的な体験から証拠をあげた								
様々なタイプのレスポンスをした								
はっきりとわかりやすく書いた								
日付と見出しをつけた								

Evaluation Sheet 9　テーマについてのビッグクエスチョン

下の欄を使ってこの単元のテーマについてのビッグクエスチョンに対するあなたの考えを書こう。

問い

答え

問い

答え

問い

答え

Evaluation Sheet 10　スキルとストラテジーについての私の知識

読むときに私がすること	いつも	だいたい	ときどき	しない
次に何が起こるか予測する				
予備知識を使う				
今までに読んだほかの本や見た映画と関連づける				
私の人生と結びつける				
新しい言葉の意味をはっきりさせて使う				
どんなことが起きたかまとめる				
作者が描いていることを絵に描く				
重要なできごとを抜き出して並べる				
いろいろな文章の構成についての知識をもって使う				
重要な情報をあまり重要でない情報と区別する				
作家の与えた手がかりから推測する				
様々な本やテーマや予備知識をまとめる				
起こったできごとについて質問する				
意味がわからないとき，はっきりさせる				
どんな状況か，登場人物はどんな性格か考える				

Evaluation Sheet 11　言語スキルのチェックリスト

ストラテジー	1	2	3	4
予　測				
主なできごとを並べる				
人物マップで相互関係を図解する				
絵で表現する				
本に書かれている重要な思想を理解する				
文章を推敲する				
結論を導き出す				

第1評価期のコメント

理　　解	1	2	3	4
物語のテーマがわかる				
文章を書いた目的がわかる				
ほかの本や文章とくらべてどこが似ていてどこが違うかまとめる				

第2評価期のコメント

話　す　力	1	2	3	4
自分で考えて，テクストがよいか悪いか話して評価する				
自分の考えをわかりやすく話す				

第3評価期のコメント

Evaluation Sheet

書 く 力	1	2	3	4
テクストを自分で考えて，よいか悪いか書いて評価する				
自分の考えをわかりやすく書く				

注：＋ すばらしい　✓ 十分満足　− 改善が必要
訳注：1〜4は評価する学期

第4評価期のコメント

Evaluation Sheet 12　　サバイバルの物語の評価

名前：＿＿＿＿＿＿＿＿　日付：＿＿＿＿＿＿＿

_____ あなたのストーリーは生き残るというテーマを興味深く書いた（20）
_____ あなたは学習課題を正しく理解した（20）
_____ あなたは，正しい文法と文章の綴りで書いた（20）
_____ あなたは，構成，状況，テーマ，人物など作家のテクニックをじょうずに使った（20）
_____ あなたのストーリーは，読む人にもっと読みたい，もっと学びたい，という気持ちにさせた（20）
_____ 合計（100）

ほかのコメントとアドバイス

上の評価とコメントについてあなたの意見を書きなさい

Evaluation Sheet 13　　自己評価：サバイバルの物語

この物語を書くのにどんな文学的要素[^(1)]を使った？
_____
_____
_____

あなたの書いた物語のどこが好き？　具体的に書きなさい。
_____
_____
_____

この物語を書くのに一番大変だったところはどこ？
_____
_____
_____

あなたの物語にどんな評価[^(2)]を与えるだろうか。　_____

もっとよい物語にするために，あなた自身にどんなアドバイスをする？
_____
_____
_____

訳注：(1)　ジャンル，視点など。
訳注：(2)　評価（grade）とは通常 A：excellent（秀），B：good（優），C：fair（良），D：minimum passing（可），F：failed（不可）のようにつける。

Evaluation Sheet

📑 Evaluation Sheet 14　　私のリーディングログの自己評価

本の名前：＿＿＿＿＿＿＿＿＿＿＿＿＿＿　第＿＿章

下の質問に「はい」か「いいえ」で答えなさい。「はい」と答えたときは，なぜなのか具体的な証拠になる文章をあなたのログから抜き出しなさい。あなたのログのその部分には，黄色かオレンジか緑のマーカーで線を引きなさい。

1. 具体的な例をあげた？（黄色）

2. 物語から引用や要約をした？（オレンジ）

3. 自分の意見をはっきりとわかりやすい構成で書いた？（緑）

4. いろいろなレスポンスのタイプを使った？　主なテーマ，問題，質問，登場人物に焦点をしぼった？（あなたがログに書いたことから少なくとも三つの違うタイプのレスポンスをした例をあげなさい。）

この部分のあなたのログを評価しなさい。

このように評価した理由（正当性）を説明しなさい。

訳注：例えば A（秀），B（優），C（良），D（可），F（不可）などの評価。

225

Evaluation Sheet 15　リーディングログ評価

名前：＿＿＿＿＿＿　日付：＿＿＿＿＿

＿＿＿　その本や本に関係のある意見について書いたもの（20）
＿＿＿　いくつかの，主なテーマや質問や登場人物について書いたもの（20）
＿＿＿　文章に書いてあることを根拠にして意見を書いたもの（20）
＿＿＿　いろいろな書き方で意見を書いたもの（20）
＿＿＿　ブッククラブの話し合いに役立つ材料を書いたもの（20）
＿＿＿　合計（100）

訳注：ログに書いた項目を5種類にわけて，それぞれの種類について20点満点で自己評価する。

Evaluation Sheet 16　本の終わりの自己評価

タイトル：＿＿＿＿＿＿＿＿＿＿

1. この本は好き？　はい・いいえ
　　どうして？＿＿＿＿＿＿＿＿＿＿＿＿＿＿＿＿＿＿＿＿＿＿＿＿＿
2. 一人で読んだとき，やさしかった？　むずかしかった？
　　やさしい・ちょうどいい・すこしむずかしい・むずかしすぎる
3. ブッククラブのどこがおもしろい？
　　読むこと・書くこと・ブッククラブの話し合い・クラスの話し合い
4. 今年読んだ本の中で好きな本は？＿＿＿＿＿＿＿＿＿＿＿＿
5. 次のグループをつくるとき，あなたの好みでうまくやっていける人を3人書きなさい。一人はいっしょにしてあげます。
　　1.＿＿＿＿＿＿　2.＿＿＿＿＿＿　3.＿＿＿＿＿＿
6. あなたのログ（読書ノート）を見て，一番よく書けたところを見つけなさい。そのページに付せんをはって，なぜよいのか教えてください。＿＿＿＿＿＿＿＿＿
7. 次のログでもっとよく書きたいと思ったことは何？　どうして？
8. あなたが，グループで協力したり話し合ったり意見を言ったりしたことについて，評価したら何点がつくだろう？　どうして？＿＿＿＿＿＿＿
9. ブッククラブでこの本を読んでよかったことは？＿＿＿＿＿＿

Evaluation Sheet 17　エッセイの自己評価

内　容

___ あなたのエッセイは質問やライティングの問い*に答えている。(15)
___ あなたは自分の意見を書いたり言ったりするときに，本に書いてある細部から根拠をあげている。(15)
___ あなたのエッセイにははっきりしたトピックセンテンスがある。(10)
___ あなたのエッセイは，あなたが一番言いたいことを結論でくりかえしている。(10)

構　成

___ あなたのエッセイははっきりした初め，中，終わりがあって，論理的に構成されている。(10)
___ あなたの書いたすべてのくわしい説明は，あなたが一番言いたいことをささえている。(10)
___ 段落と段落をつなぐ，つなぎ言葉（しかし，また，そして，なぜなら）を使った。(10)

書く決まり

___ あなたのエッセイにはタイトル，名前，日付が入っている。(5)
___ すべての単語のつづりが正しい。(5)
___ すべての文は文法が正しい。(5)
___ あなたのエッセイは句読点と大文字，小文字の使い方が正しい。(5)
___ 合計 (100)

訳注：(1)　自分か級友の出した問い。
訳注：(2)　(　)内は評価の点数。
訳注：(3)　詳しい表現。
訳注：(4)　テーマや中心思想を明示したセンテンス。
訳注：(5)　全部の表現が中心思想をサポートしていること。
訳注：(6)　言葉の技術*

📋 Evaluation Sheet 18　　リーダーズシアターのチェックリスト

台本について
____ アクションや会話がたくさんある場面を選んでいる。
____ 台本は5分か7分で読めるような場面を選ぶべきだ。
____ 「太郎が言った」とか「花子が言った」のような劇のせりふに必要のない言葉を削除しよう。
____ アクションがまのびするような長い地の文章をカットしよう。
____ グループのみんなが参加できるように台本をいくつかのパーツにわけよう。
____ ナレーションの部分がたくさんあったらナレーターも二人ずつにしよう。
____ グループの一人ひとりに、はっきりと読みやすいコピーかワープロで打った台本を渡そう。

チームワークについて
____ 本の中のどの部分について劇をするか、グループ全員の意見がまとまったか。
____ 台本づくりにグループのみんなが協力したか？
____ グループの全員が読む役割がある。または何かの役割がある（例えば、台本をワープロで打つ、小道具を集める、音響効果をやるなど）。

プレゼンテーションについて
____ 簡単な小道具や音響効果や衣装を創造的に使えたか？
____ その場面のアクションをやるのに動作やジェスチャーは使えたか？
____ 観客にアイコンタクト（目を見て演技する）はできたか？
____ 台本を読むときに適切な音調や音量が使えたか？
____ 言葉をはっきりと発音できたか？

Evaluation Sheet

🔲 Evaluation Sheet 19　　友だち・評価——エッセイ

エッセイを書いた人 _____

友だち・評価した人 _____

エッセイを2回，ていねいに読みなさい。それからこの Evaluation Sheet に必要なことを書きなさい。どこがよいのか，どこを直したらよいのか，できる限り具体的に書きなさい。

1. このエッセイで，一番言いたいことはなんだと思う？
   _____
   _____

2. 一番言いたいことの根拠がじゅうぶんに詳しく書いてあった？　もし書いていなかったら，どんな根拠や具体例をあげたらよいと思う？
   _____
   _____

3. 考えを書く順序はわかりやすいだろうか。もしわかりにくかったらどんな順序で書いたらよいと思う？
   _____
   _____

4. エッセイの中でわかりにくかったり，ごちゃごちゃして混乱したりするところはあった？　それはどこ？　なぜわかりにくいと思う？
   _____
   _____

5. このエッセイの中で一番よいところはどこだろうか。なぜそこがよいと思う？
   _____
   _____

用 語 集

　この本を正確に理解するために，重要な語の意味を解説した。次の基準に基づいて用語を選んだ。
　①日本語に置き換えられないため英語を使った語
　②通常の日本語とは異なる意味で用いられている語
　③そのほか本書中で重要な語
したがって，語の意味の記述はこの本で用いられている意味である。
　例えば，
「**レスポンス（する）**（response, respond）」の場合，「レスポンスする」が本書の訳語，「response」「respond」が原著で使われている英語である。
ページ番号は詳しく記述してあるところである。
「→」はほかの見出しを見るようにという指示である。

あ　行

アイロニー（irony）
きっとこうなるだろうと思ったことと反対のこと。例えば，キャンディバーに「楽しいサイズ」と書いてあったのに，実は普通のキャンディバーよりかなり小さかったりするような場合である。皮肉もアイロニーの一種である。（p. 183）

イメージ（imagery）
様々な感覚に訴えて読者の心に一つの絵を創造する表現方法。比喩的表現（原語では「imagery；イミジャリー」だがなじみのある「イメージ」と訳した）。（p. 171）

隠喩（metaphor）
「〜のようだ」という比喩を使わずに，そのものの特徴を直接ほかのものでたとえる。例えば「金は力だ」「人生は旅だ」など。暗喩ともいう。（p. 111，p. 114）

英語言語技術（English Language Arts）
アメリカでは，日本の国語にあたるものを呼ぶ。事実，文学鑑賞ではなく言語技術に焦点が当てられる。本書では「第6章②　国の言語技術の基準」（p. 60）に書いてあることがこれにあたる。（p. 60）

エッセイ（essay）
この本では物語についての意見を書くことを言う。日本の作文や感想と違い，明確な目的と根拠がある。本書に示されたエッセイの構成の一例は，「主張を書いた導入，主張を支える根拠，結論」である。（p. 32，p. 130）

オウナーシップ（ownership）
この本では，例えばリーディング*とかライティング*とか，特定の学習について，自分のものにすること，自分のものとして大切にす

ること，自信があること。この本では子どもがオーナーシップを持つことを重視している。(p. 4)

オープンエンド（の問い）（open-ended question）
正解が一つでなく多様な答えを許容する問い。これに対しクローズドエンド（closed-ended question）とは，正解が一つに限定された問いをいう。(p. 22, p. 25, p. 51)

終わりの話し合い（closing community share）
授業の終わりの話し合い。よく行われるのは，ブッククラブディスカッションが終わった後，授業の終わりに10分程度の時間をとってクラス全体でその日のブッククラブディスカッションについてまとめること。それぞれのグループでどんな話し合いがあったか数人に発表させる。そのほか授業の初めのクラスの話し合いでミニレッスンしたことがうまくできたかどうか振り返って評価することなどもある。(p. 9, p. 55)

か 行

キャラクターマップ（character map）
人物相関図，つまり登場人物とほかの登場人物の関係を図示したもの。中心に一人の登場人物を置き，そこから線を出してほかの登場人物を加える。吹き出しをつくり登場人物の性格や特徴を書き込む。(p. 108, Think Sheet 13)

教科横断的なかかわり（cross curricular connection）
複数の教科を横断したかかわり。「クロスカリキュラム」と同じ。(p. 161)

国の言語技術の基準（National Language Arts Standards）
ナショナルスタンダーズと略称される。ブッククラブのテーマ単元の指導と活動は全米英語教師協議会（NCTE：National Council of Teachers of English）と国際的な読むことの協会（IRA：International Reading Association）が開発した国の言語技術の基準（National Language Arts Standards）に対応している。ここでいう言語技術は「英語言語技術の基準（Standards for the English Language Arts）」と同じである。その後，2010年に全米共通カリキュラム（Common Core State Standards Initiative）が全米各州の知事と教育委員会によって発表された。(p. 60)

クライマックス（climax）
物語のクライマックスとは，緊張がもっとも高まったときで，主な登場人物が決定的な決断をするとき。(p. 153)
次のような3段階のプロットもある。
——クライマックスにいたるいくつかのできごと
——クライマックス：もっともエキサイティング（興奮させるよう）な時点で，そこでは問題やもめごとを解決するために登場人物たちが行動する。
——解決：問題が解決される。

クラスチャート／ウォールチャート（class chart/wall chart）
クラスの壁にはった模造紙。語彙と意味を列挙したり，テーマ単元では複数の本を比較対象したりしたものを書く。(p. 85)

クラスの話し合い（community share）
話し合い。ブッククラブのディスカッションに対してクラス全体で話し合うこと。コミュニティとはここではクラス。授業の初めに行う「初めの話し合い（opening community

share)」と，授業の終わりに行う「終わりの話し合い（closing community share）」がある。(p. 6)

クリエイティブリーディング（creative reading)
読んだことについて創造的な活動をすること。例えば物語の続きを考えたり，視点を変えて書き直すなど。(p. v, p. 10)

クリティカルシンキング／クリティカルリーディング／クリティカルレスポンス（critical thinking/ critical reading/ critical responce)
読者がなんらかの価値基準に基づいて，テクストを評価・批判・批評すること。よいか悪いか，価値の高いものかどうか，おもしろいかつまらないか，役に立つかどうかなど，日本語の批判と違い，よい意味の評価もする。クリティカルに考えることをクリティカルシンキング，クリティカルに読むことをクリティカルリーディング，クリティカルに反応することをクリティカルレスポンス（p. 196）と言う。(p. vi, p. 2)

クロスカリキュラム（cross-curricular links)
ほかの教科のカリキュラムと関連させること。統合的な指導も参照のこと。(p. 61)

KWL チャート（What I KNOW, What I WANT to know, What I LEARNED)
子どもが「既に知っていること，知りたいこと，学んだこと」を表の中の別の欄に書かせる。(Think Sheet 10)

声に出して考える（シンクアラウド）（think aloud)
例えばリードアラウドをしながら教師が考える過程を子どもたちに声に出して聞かせる。読みのストラテジーを身につけさせる「モデリング」の一種である。(p. 13, p. 147)

言葉の技術（language conventions)
ブッククラブの指導領域の一つで，理解，表現，文学の三領域を学ぶのに必要な言語技術。つづり，音読のなめらかさ，文法，語彙，句読点，ディスカッションの仕方やブッククラブのディスカッションの仕方など。(p. 5, p. 59)

コンセプトウェブ（concept web)
ある言葉の意味（概念＝concept）について関連することを図示したもの。Web とは関連する情報を線でつないで図示したもの。例えば「友だち」という言葉だったら，下図のように，図の中心の円に「友だち」と書きその周囲に本当の友だちはどのようなものかという特徴をいくつかの円の中に書いていく。(p. 89, p. 187)

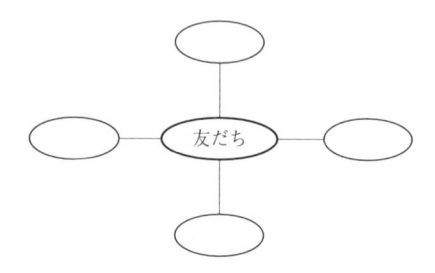

コンフリクト（conflict)
対立，争い，戦い，葛藤，問題などと多様に訳せる。本書では，物語とは登場人物の間，または個人の心の中にコンフリクトが生じて解決する過程と考えている。登場人物間の場合は，対立，争い，戦い，問題で個人内部の場合は葛藤，問題と訳す。個人の内部での葛藤は内面の葛藤（internal conflict）と呼ぶ。コンフリクトを解決する過程を問題解決・課題解決（conflict resolution, problem solving）と呼ぶこともある。(p. 177, p. 185)

さ 行

再話（retell）
物語を読んだ後で子どもに本を見せないで記憶したあらすじをもう一度語り直させること。書かせることもある。(p. 92)

作文（composition）
この本では,「ライティング*」と同じ意味で用いられている。リーディングログなどのライティングを含めた書くことを指している。日本の作文とは質も範囲もまったく異なる。(p. 5)

サスペンス（suspense）
文学作品で次にどんなことが起きるかという緊張や興奮,不安。作家はサスペンスを高めるように表現を工夫する。(p. 105, p. 153, p. 182, p. 198)

作者の技術（author's craft）
作者が,言葉を使って状況や登場人物やできごとを生き生きと描写したり,物語をよりおもしろくしたり本物らしく表現する特別な方法。(p. 111)

シークエンス／シークエンシング（sequence/sequencing）
重要なできごとを時間の順序に並べたものをシークエンスと言う。物語の構造やあらすじを理解するのに役立つ。シークエンスをつくることをシークエンシングと言う。(p. 174／p. 23, p. 91, p. 175)

シークエンスチャート（sequence chart）
シークエンシングの一つの方法。どういう問題が起き,どのように解決して,どうなったか,重要なできごとを並べて物語の「プロット」がわかるように連ねたもの。(p. 92)

シェアシート（share sheet）
白い紙を子どもが下のように三等分または四等分に分割して自由にライティングの問いや自分の意見を書くもの。リーディングログ*と違ってページをめくらなくてよいのでブッククラブの話し合いのときに机の上に置いておくと使いやすい。ログの空白のページに書くこともある。(p. 25, p. 52)

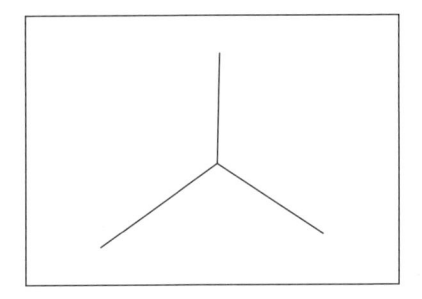

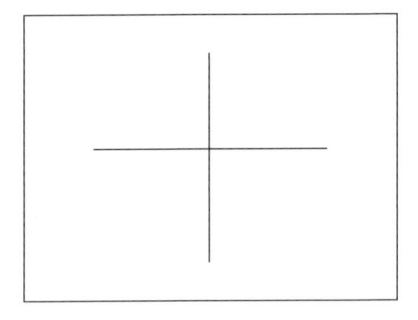

視点（view point）
一人称,私が主語になって自分自身のことを自分の言葉で書いているのが一人称の視点。『我が輩は猫である』や『坊っちゃん』は一人称の視点で書かれている。ナレーターが登場人物を客観的に描いているのが三人称。『こころ』は三人称で,語り手が「K」や「私」や「先生」を客観的に描いている。『ごんぎつね』は,三人称でナレーターが「ごん」と「兵十」を客観的に描いているように見えるが,実際はごんの立場に立って描かれている場面と兵十の立場に立って描かれてい

る場面がある。これを視点が変わったという説もあるが、タフィー・ラファエルはそこまで言及していない。訳者は、子どもにとってまぎらわしいので、子どもに教えるときは視点は一人称、三人称にとどめ、「ごんの立場に立っている」などという教え方をするとよいと考える。(p. 127)

ジャーナル（journal）
日誌。学校で学んだことや、重要なできごとや、疑問点を書く。この本では読書に限定した読書日誌を指す。リーディングログ*をジャーナルと呼ぶこともある。(p. 26)

シンクアラウド→声に出して考える（シンクアラウド）（think aloud）

シンクシート（Think Sheet）
アメリカでは、ワークシートは知識を記憶したクローズドエンド*の問いに答えさせることが多いが、Think Sheet は「オープンエンド*」の問いに対して自分の意見を書かせる。したがってブッククラブではワークシートとは言わないで Think Sheet と言う。Think Sheet には、パーソナル（個人的）・クリエイティブ（創造的）・クリティカル（批判的）な問いに対する答えを書く。(p. 52)

シンボリズム（symbolism）
シンボルを文学作品の表現技術として使うこと。(p. 190)

シンボル（symbol）
人、場所、物、行動が何かそれ以上の意味を持つこと、象徴。(p. 172)

スキル（skill）
技術または技能のこと。この本では、主に読む・書く・聞く・話すの技術を指す。(p. i)

ストラテジー（strategy）
読むときの戦略、学習戦略、指導戦略。スキルよりもっと大づかみな方法や方略を指す。この本では学習方法の意味だがストラテジーと言ったときは「必ず効果を上げる方法」という強い意味合いが加わる。(p. 11)

セッティング（setting）
もともとは芝居の舞台設定のこと。この本では、時代状況、場所、場面、舞台など、主な登場人物たちの置かれている状況。(p. 87)

総合（する）（synthesis, synthesize）
いろいろな考えや情報を関連させて一つのまとまった考えに総合すること。(p. 16, p. 95)

ソーシャルスキル（social skills）
この本ではグループの中でうまくコミュニケーションができるコミュニケーションスキルを指す。例えばしゃべりすぎない、引っ込み思案でない、しゃべれない子どもを助ける、などのコミュニケーションスキルのことである。(p. 43)

た・な行

タイムライン
時間の軸に沿ってできごとを並べたもの。(p. 174)

チャート（chart）
一覧表のような語や文を整理して列挙したものを指す。様々な形式がある。(p. 79)

直喩（simile）
「～のような」を使って示される二つの異なったこと。例えば、「雪のように白い肌」、「若い松の葉のように緑の瞳」といった表現。(p. 183)

テーマ（theme）
作家が読者に伝えようとするメッセージ。人生や社会や自然について作家が読者に考えてほしいこと。ブッククラブでは主題は複数あるという考え方に立ち、main themes（主な複数のテーマ）と呼ぶ。(p. 84)

テクスト（text）
この本では，本・文章，詩，映画など作品を指している。（p. i）

テクストとテクストの関係（intertextual connection, intertextuality）
登場人物やあらすじやテーマが似通ったテクストとテクストの関係について考えること。同じ作者のほかの本について考えたり映画とほかの映画の関係について考えること。そうすることによって，テクストの主題や特質を深くとらえることができる。（p. 84, p. 161, p. 191）

統合的な指導（integrating instruction）
国語，社会科，理科など複数の教科を関連させて学習すること。クロスカリキュラム*と同じ意味で用いられている。タフィー・ラファエルのブッククラブは社会科や理科との統合的な学習を積極的に行わせる。とくに社会科との統合学習がよく行われる。（p. 232）

似ているところと違うところの比較（comparing and contrasting）
compareは似ているところを比較すること，contrastは違うところを比較すること。（p. 192）

は 行

パーソナルリーディング（personal reading）
読んだことを自分の問題として考えること。（p. v, p. 10）

初めの話し合い（opening community share）
授業が始まったときに10分程度の時間をとってクラス全体で行う話し合い。教師が中心になって行う。その日の授業のポイントについて教えるミニレッスンを行うことが多い。（p. 6, p. 9, p. 55）

パラグラフ（paragraph）
文章を構成する段落のことであるが日本人が考えている段落とは異なり，意味内容が一つのまとまりを持った文章をいう。例えば自分の意見を書いてその根拠を詳しく説明した文章のようなものがパラグラフである。パラグラフがいくつか論理的に構成されて文章になる。（p. 102）

ビッグクエスチョン→テーマについてのビッグクエスチョン（big theme questions）
その問いに答えることで作品の本質やテーマがわかる大きな課題の問い。通常教師が用意する。教室の壁や黒板に，模造紙に書いてはり，単元を通して考えさせる。（p. 58）

伏線（foreshadowing）
物語のあとの方で起こることを物語の前のところで前兆として示すこと。物語の後で起こることのヒントや手がかり。（p. 111）

ブレインストーム（brainstorm）
あることがらについて情報を集めるためにグループでどんどん意見を出し合うこと。①ほかの人の意見を批判しない，②問題を解決しようとしないという，二つの暗黙のルールがある。一人でどんどんアイディアを出す場合にも用いられる。（p. 90）

プロセスライティング（process writing）
作家が行うのと同じように一連の過程をたどって完成させるライティング。一人またはグループで書くことのアイディアを出す。物語ならばセッティング*を考え登場人物を考える。必要なら調査をする。書いた原稿を友だちと相互批判する。友だちの批判や助言に基づいて書き直して完成させる。完成した原稿を友だちや教師が評価する。（p. 130, p. 196）

プロット（plot）
物語の構想と訳すが，本質は違う。構想ではなく論理的な構成を重視するのでプロットという原語を使った。どういう問題が起き，どのように解決して，どうなったか，重要なできごとを並べて物語の骨組みがわかるようにしたもの。シークエンスチャート*で書き表す。(p. 123)

文学；リタレチャ（literature）
文学と翻訳するが，この本では文学より幅が広い。この本では文学をはじめ，科学的文章，論理的文章，新聞記事までがリタレチャと呼ばれる。つまり，質の高い文章の総称である。(p. 4)

ベン図（Venn diagram）
共通点と相違点を比較するときに図示する方法。下の図のように共通点と相違点を描く。(p. 124)

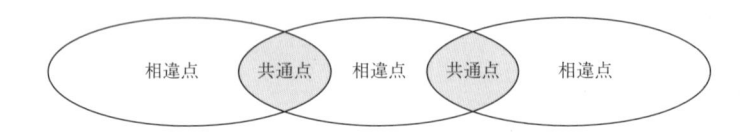

相違点　共通点　相違点　共通点　相違点

方言（dialect）
特別な状況で特別な集団によって用いられる言語。日本では地域的なダイアレクトを指すことが多い。(p. 171)

ま・や行

モデル／モデリング（model/modeling）
教師がお手本を示して子どもに模倣させること。(p. 9)

予備知識・背景の知識；バックグラウンド（ナリッジ）（background knowledge）
基礎知識，予備知識などその知識がないとテクストが理解できないもの。(p. 12, p. 14)

ら行

ライティング（writing）
本書では，リーディングログにレスポンスを書くこと，ビッグクエスチョンに答えること，ドラマのシナリオを書くことである。一般的な書くことは「書くこと」「書き」と訳した。composition は作文と訳したが日本で行われている作文とはまったく質が異なる。(p. 21)

ライティングの問い（writing prompts）
子どもたちがリーディングログ*などに書いて答えるために教師があらかじめ用意して与える課題としての問い。
プロンプトは，もともとの意味は芝居で役者が台詞を忘れたときに黒子がそっとささやいて思い出させるきっかけを指す。つまり日本の発問のように教師があらかじめ用意し子どもに強制的に答えさせるのではなく，子どもが答えるひきがねになる問いである。(p. 25)

リサーチ（research）
子どもが行う調べ学習に当たるが，やり方が違うので原語で示した。グループで分担して，インタビュー，本，雑誌，ビデオなどから調査し，グループで発表原稿をつくってプレゼンテーションし，クラスでディスカッションする。(p. 56)

リーダーズシアター（readers theater）
読者の劇場。ブッククラブのグループごとに、物語や小説の一場面を取り出して、話し合って台本をつくり劇をすること。(p. 138)

リーディングログ（reading log）
本について自分の意見を書いたり、本の内容についてまとめたり図解したりすること。ログということもある。レスポンスチョイスシート*からレスポンスのタイプを選んで書く。ジャーナルと呼ぶこともある。(p. 23)

リードアラウド（read aloud）
直訳すれば音読であるが、この本では主に教師が子どもに音読することをいう。日本と大きく違うのは、教師が音読しながら要所要所で子どもに質問するところである。日本で行われない問いは物語が大きく展開する直前で「これからどうなると思う？」と予測させることである。質問するといっても日本のように何人もあてるのではなく二、三人にあてて要点がつかめれば先に進む。したがって、例えばスイミーなら20分程度でリードアラウドが終わる。質問の種類は本書であげた結果から原因を推論する解釈の問い、原因から結果を推論する予測の問い、予備知識の問い、パーソナルリーディング*、クリエイティブリーディング*、クリティカルリーディング*の問いなどである。(p. 46)

リテラシー（literacy）
読み、書き、聞き、話し、話し合う力の総称 (p. 4, p. 11)

ルーブリック（rubric）
評価基準のこと。一般的な形式は1～3とか1～5のスコア（評価点）と、それぞれのスコアの評価基準が示されているものである。日本で行われている評価基準とは異なって、具体的で明確な基準が示してあり、評価しやすい。(p. 35, p. 41)

レスポンス（する）（response, respond）
教師や級友が与えた問いに対して答えること。意見を言うこと。リーディングログ*に書くこともあれば、クラス全体やグループで発言する場合もある。(p. 21, p. 54, p. 110) パーソナル（個人的）、クリエイティブ（創造的）、クリティカル（批判的）なレスポンスがある。(p. 22, p. 31, p. 59)

レスポンスチョイスシート（response choice sheet）
リーディングログに書くレスポンスのタイプを選ぶためのシート。数種類のレスポンスのタイプが一目で見られ、その中から自分が書きたいレスポンスが選べる。(p. 67, p. 104, Think Sheet 5, Think Sheet 6, Think Sheet 11)

ロールプレイ（role play）
役割を決めて演技すること。登場人物になり切って演技すると登場人物の考えや感情がよく理解できる。物語の中から子どもたちの好む部分を選ばせて台本をつくらせ、役割を決めて演技させることもある。このことによって登場人物の考えや感情を体感させ、作品に対する理解を深める。(p. 56)

参 考 文 献

【児童文学】

Avi.　*The Fighting Ground.*　Harper Trophy, 1987.（本書では『戦場』として紹介）

Babbitt, N.　*Tuck Everlasting.*　Farrar, Straus and Giroux, 1975.（ナタリー・バビット，小野和子（訳）『時をさまようタック』評論社，1989年）

Griffin, J. B. & Tomes, M.　*Phoebe and the General.*　Coward, McCann & Geoghegan, Inc., 1977.（本書では『ライチョウと将軍』として紹介）

Levine, E.　*Freedom's Children.*　Puffin, 2000.（本書では『自由の子どもたち』として紹介）

London, J.　*To Build a Fire.*　Castle, 1984.（ジャック・ロンドン，柴田元幸（訳）『火を熾す』スイッチ・パブリッシング，2008年）

Lorbiecki, M.　*Sister Anne's Hands.*　Puffin, 2000.

Maruki, T.　*Hiroshima No Pika.*　William Morrow, 1982.（丸木俊『ヒロシマのピカ』小峰書店，1980年）

Murphy, J. A.　*Young Patriot.*　Sandpiper, 1998.（本書では『若い愛国者』として紹介）

Paulsen, G.　*Hatchet.*　Aladdin Paperbacks, 1996.（ゲイリー・ポールセン，西村醇子（訳）安藤由紀（絵）『ひとりぼっちの不時着』くもん出版，1994年）

Say, A.　*The Lost Lake.*　Sandpiper, 1992.（本書では『失われた湖』として紹介）

O'Dell, Scott.　*Island of the Blue Dolphins.*　Yearling, 1987.（スコット・オデル，藤原英司（訳）小泉澄夫（絵）『青いイルカの島』理論社，2004年）

Taylor, M. D.　*Song of the Trees.*　Bantam Books, 1984.（本書では『木々の歌』として紹介）

Taylor, M. D.　*Mississippi Bridge.*　Dial Books for Young Readers, 1990.（本書では『ミシシッピ橋』として紹介）

Taylor, M. D.　*The Friendship*.　Puffin Books, 1998.（本書では『友情』として紹介）

Taylor, M. D.　*The Gold Cadillac*.　Puffin Books, 1998.（本書では『金のキャデラック』として紹介）

Turck, M. C.　*The Civil Rights Movement for Kids: A History with 21 Activities*.　Chicago Review Press, 2000.（本書では『子どもたちのための市民権運動』として紹介）

【参考図書】

Kathryn, H. A.　Ownership, Literacy Achievement, and Students of Diverse Cultural Backgrounds.　In T. G. John & W. Allan (Eds.), *Reading Engagement: Motivating Readers Through Integrated Instruction*.　International Reading Association, 1997.

Susan, I. M. & Taffy, E. R.　*The Book Club Connection*.　Teachers College Press, 1997.

Taffy, E. R. & Kathryn, H. A.　*Literature-Based Instruction*.　Christopher-Golden Publishers, 1998.

Taffy, E. R., Marcela, K., & Karen, D.　*Book Club For Middle School*.　SMALL PLANET, 2001.

Taffy, E. R., Susan, F-R., Marianne, G., Nina L. H., & Kathy H.　*Book Club Plus! A literacy Framework for the Primary Grades*.　SMALL PLANET, 2004.

訳者あとがき

　この本のすべてのテーマ単元を通して著者たちは子どもに生き方について考えさせようとしている。何度も繰り返すが文学を読む意義は自分の生き方について見つめ直すことである。純粋に娯楽を目的とした文学を否定する必要はないと思う。しかし純文学の価値は生き方を見つめ直し自分の生き方に反映し社会をよりよいものにすることにある。

　この本を通じて文学の意義を改めて思い知らされると，国語教育の課題は言語技術というような表面的なことではないことがわかる。言語技術は手段であって目的ではない。また言語技術だけでは文学は理解できないこともこの本は教えてくれる。それは多くの国語教師が長い間忘れていた文学的技法である。この本の目的は文学的技法と言語技術を学ぶことによって，文学を楽しみながら自分の生き方を見つめ直すことにある。

　子どもたちが読まなければならない文章は文学だけでなく説明文や論説と呼ばれる自然科学や社会科学の文章もある。この本では文学だけが主な目標になっているが文学以外の文章も当然国語教育では目標にすべきである。

　この本にはあらゆる指導法がていねいに解説されているのでバイブルのように熟読玩味すべきである。しかしこの本だけですべてが完結するものではない。未来の子どもたちを育てるための指導法は私たちの手にゆだねられているのである。

　この本を熟読玩味し日本の子どもたちにふさわしい指導法を開発する中で，茶の湯や俳句が世界的な文化になったように，日本型ブッククラブを世界に発信することを大きな夢として追い続けたい。

2012年8月

有 元 秀 文

《著者紹介》

タフィー・E・ラファエル（Taffy E. Raphael）
イリノイ大学シカゴ校教育学部リテラシー教育教授。教員養成に主力を注ぎ，1997年に International Reading Association（国際読書学会）から「リーディングの教員養成で傑出した教育者」の賞を受賞した。National Reading Conference（全米リーディング会議）の元会長である。

ローラ・S・パルド（Laura S. Pardo）
ミシガン州立大学教員養成課程に勤務している。小学校で14年間教え，1990年から教師として Book Club Project に参加。

キャシー・ハイフィールド（Kathy Highfield）
小学校で10年以上の教職経験がある。Book Club Project に1991年から参加。

《訳者紹介》

有元秀文（ありもと　ひでふみ）
NPO法人日本ブッククラブ協会理事長
『ブッククラブメソッドで国語力が驚くほど伸びる』（単著，合同出版，2011年）
『子どもの読解力がぐんぐんのびる――戦争と平和の名作をクリティカルに読み解く』（単著，合同出版，2009年）